女子アスリートの「食事と栄養」

パフォーマンスを高める体のつくり方

順天堂大学医学部附属順天堂医院
女性アスリート外来栄養部
公認スポーツ栄養士

佐藤郁子 監修

メイツ出版

はじめに

女子アスリートのみなさん、スポーツを楽しんでいますか？
私が勤務する順天堂大学医学部附属順天堂医院の女性アスリート外来には、小学生から40代まで、競技も、レベルも違うさまざまな女子アスリートがやって来ます。みなさんが高いパフォーマンスを保ちながら、長く競技を続けていけるよう、栄養面からサポートするのが私たちの仕事です。

若くスポーツに熱中している女子アスリートは健康でパワフルと思いきや、そうともいいきれないのが現状。一生懸命競技に打ち込んだ結果、発達が遅れたり、ケガをしやすかったり、将来子どもを産みにくい体になるなど、不健康になっている人が大勢いるのです。

その原因は、間違った栄養摂取。

「背が伸びないほうが有利」「体脂肪がないほうが速く走れる」な

どの思い込みで、小学生、中学生、高校生のジュニア期に十分な栄養をとらず、その結果、思いがけず早く、10代で競技人生を終える人もいます。ジュニア期にきちんと栄養をとれば、20代になりもっと大きな舞台で戦えたのに……と残念に思うことも少なくありません。間違えた情報を信じた結果、「こんなはずでは」と悔やむ女子アスリートが後を絶たないのです。

何をどう食べればいいのか。

本書を読むことで、正しい栄養の知識を知っていただけたら、こんなにうれしいことはありません。女子アスリートのみなさんが、競技にふさわしい体をつくり、輝くことを祈っています。

管理栄養士・公認スポーツ栄養士　佐藤郁子

もくじ

第3章 栄養の基礎知識

第4章 食事の基礎知識

もくじ

第5章　女子アスリートの栄養摂取 Q&A

※食品の栄養価は食品成分表7訂、一部市販品のデータを参照しています。
※紹介しているサイトの情報などは２０１９年10月10日現在のものです。

第1章
女子アスリートが注意したいこと

女子アスリートを取り巻くトラブルで、
最も注意したいのがFATです。
FATとは何か、
どう防いだらいいのか知っておきましょう。

01

女子アスリートのコンディショニングに必要な3要素

「運動」「栄養」「休息」のバランスを上手にとる

トレーニングだけでは良コンディションを保てない

女子アスリートが試合で結果を残したい、ベスト記録を更新したいとがんばるなら、日々のコンディションを整えながらトレーニングにのぞむ必要があります。そのポイントとなるのが「運動」「栄養」「休息」のバランス。例えばトレーニングの後、疲れがいつまでも抜けないなら、**トレーニング量に対して食事の量が少なすぎる可能性があります。**しっかり食べているのに疲れやすいなら、トレーニング量が多すぎるのかもしれません。あるいは、疲労から完全に回復するには、**もっと睡眠時間が必要なのかもしれません。**

トレーニング量に対して最適の食事と休息をとる

「運動」「栄養」「休息」のバランスに目を向ければ、体脂肪率を絞ることばかりに注力したり、睡眠時間を削ってでも朝練の時間を捻出したり、あるいは疲れてごはんが食べられなくなるほど激しいトレーニングをしたりするのは、女子アスリートとして間違ったやり方だと気づくはず。**練習で自分を追い込むより、メニューを軽くして休息したほうが記録が伸びる可能性もあるのです。**がんばった結果できあがったのが、故障しやすく、ベストパフォーマンスを発揮できない体では悲しすぎます。3要素のバランスを上手にとっていきましょう。

コンディショニングに必要な3要素

女子アスリートとして活躍するには運動（トレーニング）と同じぐらい栄養や休息も重要。３つのバランスがとれて初めてよいコンディションを維持できる。

運動
トレーニング

強くなるために日々の練習やトレーニングはもちろん必要。ただし、やりすぎもコンディションを崩す原因になる。

ベストコンディション

3要素のバランスをとることが、競技でのパフォーマンスアップにもつながっていく。

休息
睡眠（疲労回復）

トレーニングの疲れが翌日まで残らないよう、毎日きちんと眠ることが大事。睡眠時間はきっちり確保したい。

栄養
食事（エネルギー）

体を思うように動かせない原因がエネルギー不足にあることも。特に成長期のエネルギー不足は深刻な問題。

まとめ

- 競技で活躍するには練習だけじゃダメ!
- 「運動」「栄養」「休息」のバランスをとる
- 練習量を減らしたほうが調子が上がることも!

02

女子選手が陥《おちい》りがちな「FAT」に気をつけよう

食事制限のしすぎや激しいトレーニングが体を壊す原因になる

必要な栄養が不足すると健康な体をキープできない

コンディショニングで大切なのは「運動」「栄養」「休息」ですが、このバランスが崩れている女子アスリートが大勢いるのも事実です。「FAT」に注意しなくてはいけません。**これは「Female Athlete Triad」の略で、女子アスリートが陥りがちな3つの障害のことを指します。**その3つとは「利用できるエネルギーの不足」、「視床下部性無月経」「骨粗しょう症」。簡単にいうと、日々の生活を送るのに必要なエネルギーが足りないのは大問題ということ。月経異常や骨粗しょう症に直結していくのです。

パフォーマンスもダウン！FATは身近なスポーツ障害

エネルギー不足に陥れば免疫力や基礎代謝も落ちます。つまりかぜをひきやすく、太りやすい体質になる可能性大ということ。また、持久力や集中力もダウンしがちです。強くなるための減量やトレーニングであるはずが、本末転倒となる危険を秘めているのです。大学生女子ランナーを対象にした調査では、**食事制限をしたことがある人、初経の後で月経が止まったことがある人はいずれも7割以上。疲労骨折の経験者が半数近くいるという驚きの結果も挙がっています。**女子アスリートにとってFATは、非常に身近な危険なのです。

FAT（女子アスリートの三主徴）とは

女子アスリートに多い「利用できるエネルギーの不足」「視床下部性無月経」「骨粗しょう症」。エネルギー不足が月経機能と骨の健康に影響している。

利用できるエネルギーの不足

摂取したエネルギーから運動で消費するエネルギーを引いた分が利用可能エネルギー。日常生活で使用するのに足りなくなっている状態が利用可能エネルギー不足だ。

視床下部性無月経

脳にある視床下部の司令によって、卵巣から女性ホルモンが分泌される。エネルギー不足に陥ると視床下部の働きが低下。初経がこなかったり月経が止まってしまう。

骨粗しょう症

エネルギーが足りなければ、骨をつくる栄養も不足。骨がもろくなってしまう。女性ホルモンには骨の強度を高める働きがあるため、視床下部性無月経によっても骨は弱まる。

まとめ

- 女子アスリートにはFATの危険がつきもの
- 摂取エネルギーが足りないことが大問題
- FATで競技のパフォーマンスが下がる危険も

03

利用可能エネルギー不足の怖さを知ろう

FATは予兆に気づき早めに回避

エネルギー不足だと省エネ体質になりやすい

エネルギー不足により無月経や骨粗しょう症が引き起こされる理由を解説しましょう。生きていくのに必要なエネルギーが足りなくなれば、どこかから補充しなくてはなりません。そこで体は、体脂肪や筋肉を分解してエネルギー源とします。女子アスリートとして非常に大切な筋肉が、失われてしまうということです。**さらにそれも底をつくと体の機能を低下させ、少ないエネルギーで生きていける省エネな体へと変わっていきます。**省エネというとお得なイメージですが、女子アスリートにとって省エネな体は非常に危険です。

持久系、審美系競技、体の大きな人は要注意

体の機能低下がもたらす体への悪影響は、無月経と骨粗しょう症だけではありません。疲れが取れにくい、パフォーマンスが落ちる、故障が多い、日中眠気を感じるなど、女子アスリートとして望ましくないものばかり。**ＦＡＴの選手が多い競技は、陸上の中・長距離など持久系競技、体操や新体操、フィギュアスケートなど審美系の競技です。**体の大きな女子アスリートもその分エネルギーがたくさん必要なので、エネルギー不足になる危険が高いといえるでしょう。エネルギー不足の予兆を見逃さず、早めに回避することが肝心です。

利用可能エネルギー不足とは

食事したエネルギーから運動で消費するエネルギーを引いたのが利用可能エネルギー。日常生活で使う分、生きるために使う分が足りなくなると、骨が弱くなるなど体にトラブルが起きる。

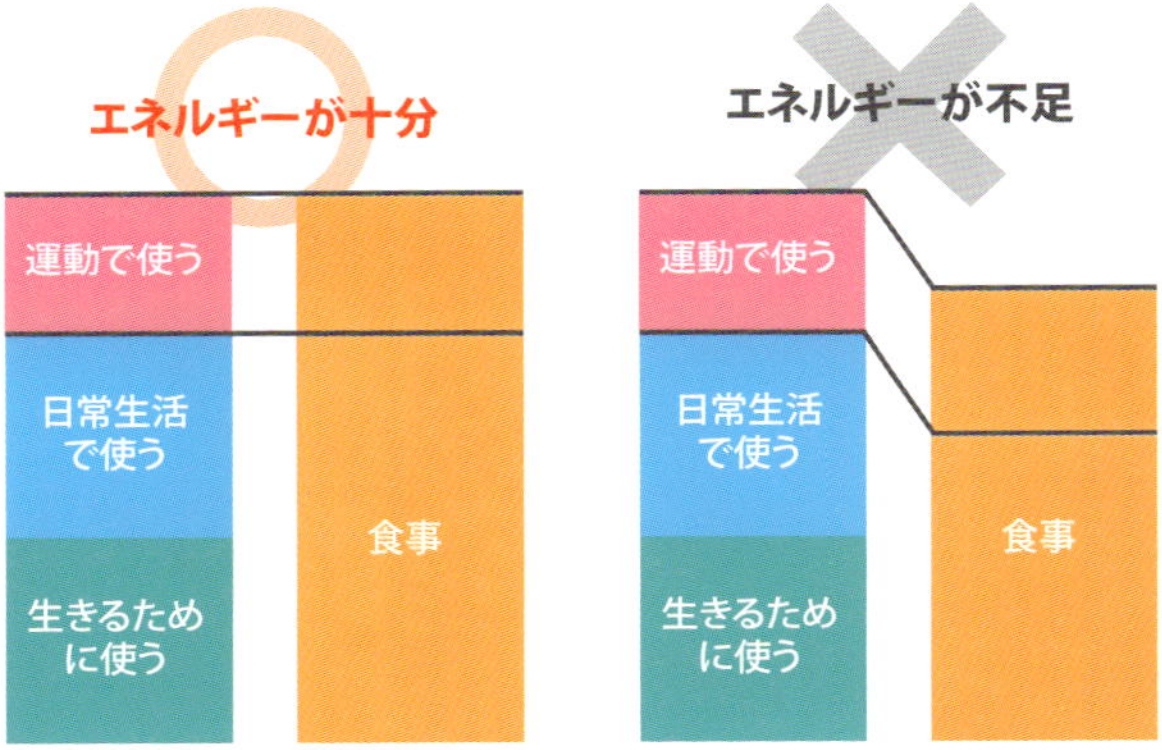

消費量と摂取量のバランスが崩れると起きる

消費するエネルギー量と摂取するエネルギー量が釣り合っていればOK。使う量に対して食事が少ないと、利用可能エネルギーが不足する。

出典：順天堂大学女性スポーツ研究センター「ジュニア女子アスリートヘルスサポートマニュアル」 P37 図1 ジュニアアスリートのエネルギー摂取の考え方（一部改変）

FATの危険をチェック

右記のシートは、FATに陥っているか、また陥りやすい状態かに気づくためにつくられたスクリーニングテストです。下のQRコード（https://www.juntendo.ac.jp/athletes/fatscreening/download.html）からダウンロードしてチェックしてみよう。当てはまるものが多いほど危険が高くなる。

出典：順天堂大学女性スポーツ研究センター　FATスクリーニングシートより

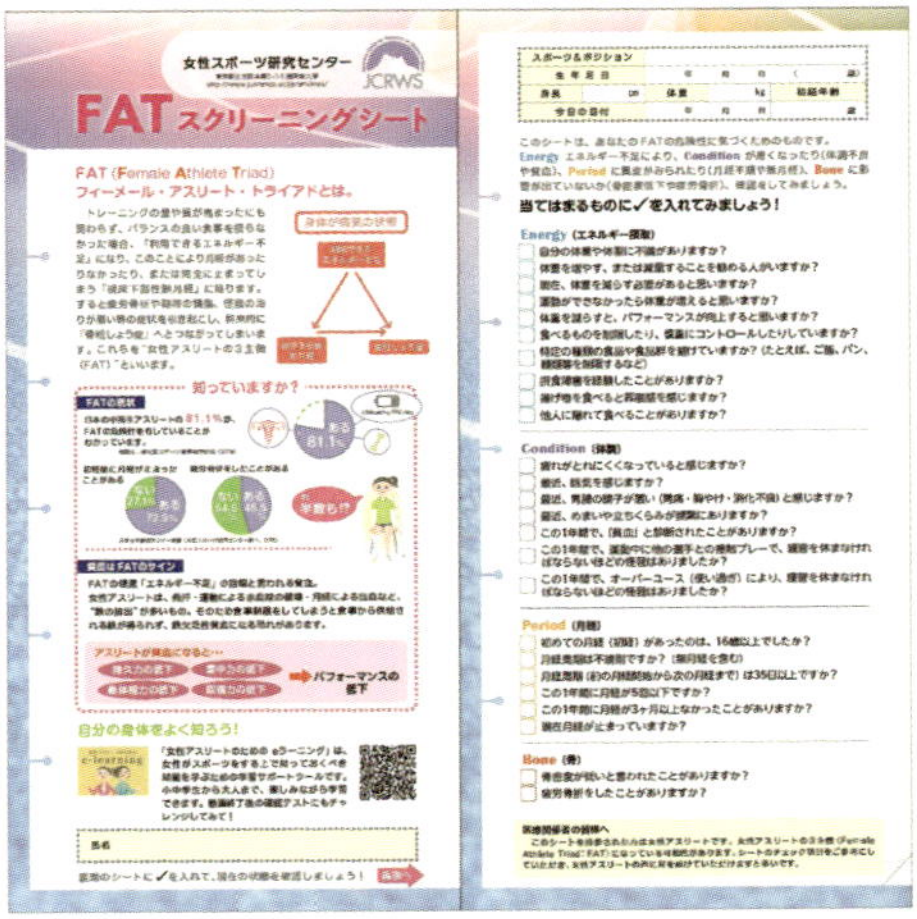

まとめ
- 利用可能エネルギーが不足すると筋肉が落ちたり体の機能が低下する
- 予兆に気づき早めに回避する必要がある

04

省エネな体に陥《おちい》ると太りやすくなる

省エネな体＝エネルギーを消費しにくい体

摂取エネルギー以上に動けてしまう

利用可能エネルギー不足が起きると、体は省エネモードに変わります。すると、**無月経や骨粗しょう症、背が伸びないといったトラブルのほかに、太りやすくなるという問題も発生**。やせたくて食事量を減らしているのに、太りやすくなるという本末転倒なことが起きてしまうのです。

普通は３０００キロカロリー消費するなら、３０００キロカロリー摂取しなくてはなりませんが、省エネな体になると２５００キロカロリーしか摂取しなくても、３０００キロカロリー分動けるようになります。これが太りやすくなる原因です。

食事量を減らし続けないと体形をキープできなくなる

省エネな体の女子アスリートは、故障やオフのときに運動量が減ると、省エネ分の５００キロカロリー分が余り太るからです。慢性的な利用可能エネルギー不足のほか、急激な減量によっても省エネな体に陥りやすくなります。

女子アスリートが目指したいのは、少しのエネルギーで動ける省エネの体ではありません。パフォーマンスを高めるには、さまざまな栄養素をとらなくてはならないのです。**目指したいのは、食べたエネルギーをきっちりと消費できる体であることを覚えておきましょう。**

女子アスリートが目指したいのは燃費の悪い体

エネルギー不足が慢性化すると、省エネな体になりがち。しかし、目指したいのは真逆。食べた分はどんどん使ってしまう、燃費の悪い体だ。

体が省エネモードに入っている

3000キロカロリー 消費　　2500キロカロリー 摂取

2500キロカロリーの摂取で3000キロカロリー分動けるとしたら、それは体が機能を落とすなど節約しているから。コンディションが崩れやすく太りやすい状態といえる。

摂取と消費のバランスがとれている

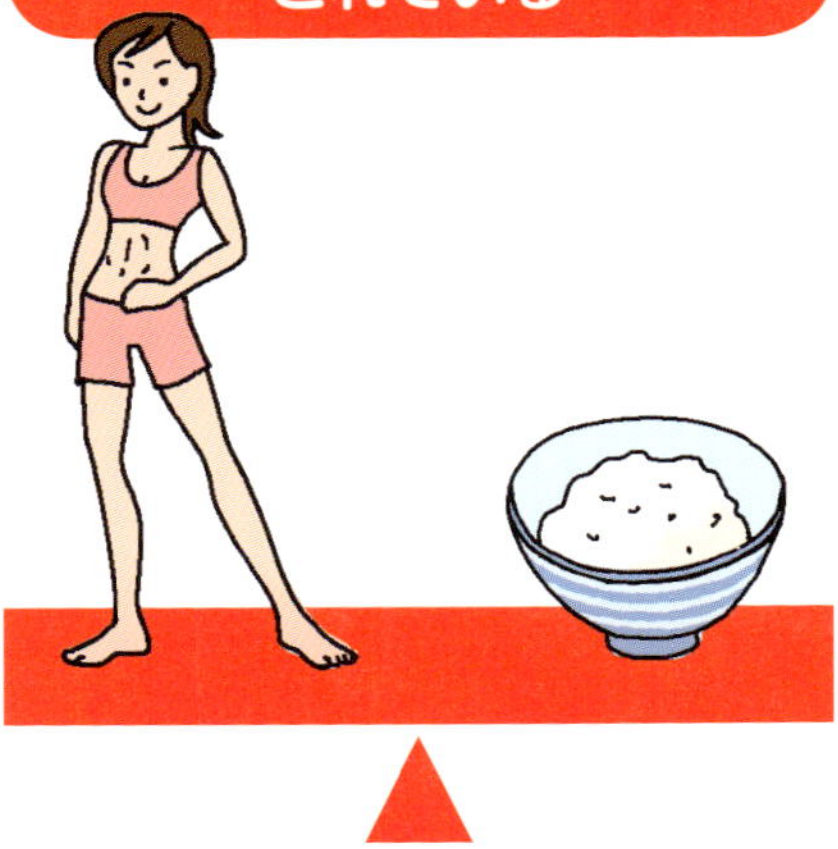

3000キロカロリー 消費　　3000キロカロリー 摂取

食べたエネルギーをきちんと消費できれば、しっかり食べても太らない。食事制限によるストレスを感じることなく十分な栄養を摂取できるので、体の機能も万全！

まとめ

- 食べた以上に動ける省エネな体はNG! コンディションが崩れやすく太りやすい
- 女子アスリートは燃費の悪い体を目指したい

05

省エネな体を改善する方法

省エネな体から脱出するには長期計画で摂取量を増やす

省エネな体は感情の起伏が激しくなるのも難点

摂取エネルギー量以上に動けてしまう省エネな体は、FATに陥《おちい》りやすく、選手生命が縮まる危険があります。また、エネルギー不足の女子アスリートは、感情のコントロールがうまくできなくなる傾向がみられます。

ちょっとしたことですぐに気持ちが高ぶって怒ったり、悲しくなって涙が出てきたり。**不安定な精神状態のため、競技生活をつらく感じてしまう女子アスリートも、残念ながらいます。**楽しく競技を続けるためにも、省エネな体を改善する必要があるのです。

長期間かけてエネルギーを使える体に戻していく

改善方法は食べる量を増やせばいいわけではありません。一気に増やすと体重が増える可能性があります。**省エネ体質を改善するには、ほんの少しずつ摂取量を増やすしかないのです。**まずは朝食のごはんをひと口（約10グラム）増やします。それを1～2週間続けて体重が増えないことを確認したら、次は昼食もひと口増やして1～2週間……というように、段階的に増やしていきます。体に「これだけ使ってもいい」と覚え込ませるのは長期戦。摂取量と消費量が均等になるように戻すのに数年かかる女子アスリートもいます。

省エネ体質の改善法

少しずつ食べる量を増やせば、体重を増やすことなく省エネ体質から脱出できます。目安は１～２週間ごとにごはんひと口（約10グラム）増量です。

最初の1週間	2週目	3週目	30週目
朝食にごはんひと口をプラス	昼食にごはんひと口をプラス	夕食にごはんひと口をプラス	スタート時と比べ１食につきごはん100グラム多く食べられる体に

1週間にひと口（約10グラム）ずつ増やした場合 30週かけて約500キロカロリーの省エネを改善

ごはん100グラムのエネルギーは168キロカロリー。１週間に10グラムずつ増やしていけば、30週かけて504キロカロリー分の省エネを改善できる。人によっては10グラム増を定着させるのに２週間かかったり、1000キロカロリー分省エネ体質になっているため、２～３年かけて改善する場合もある。

まとめ
- 省エネな体はいきなりたくさん食べても戻らない
- 改善には1～2週間にごはんをひと口ずつ増やす長期戦で立ち向かう

参考文献：日本文芸社　鈴木志保子　理論と実践「スポーツ栄養学」

06

初経を迎えないのは体に余裕がない証拠!

15歳までに初経がなければ医療機関に相談を!

女子アスリートの発育には順番がある

FATに陥《おちい》っている女子アスリートの中には、20歳過ぎまで初経がない人もいます。これを「体形が変わらなくてうれしい」「面倒がなくていい」ととらえるのは危険。**月経がない状態=体に余裕がない状態だからです。**女性の成長・発育には段階があります。まず平均11歳で成長ピーク（最も身長が伸びる時期）がきて骨や筋肉が発達。成長ピークの約1・3年後、女性ホルモンが分泌され、初経を迎えるのです。本来成長ピークを迎える時期に栄養が足りなければ、身長も筋肉も骨格も発達できず、くるべき初経も迎えられないのです。

月経があることが健康のバロメータ

医学的には18歳以上を原発性無月経と定義していますが、15歳を過ぎても初経がなければ、染色体異常や、子宮や膣のトラブルによる無月経の可能性もあります。婦人科を受診することを考えましょう。また、初経を迎えたとしてもその後無月経になることもあります。**3か月以上無月経が続いたら放置せず、婦人科を受診してください。**逆に考えれば、初経を迎えてその後順調に月経がきているなら、健康である証拠。月経の有無を、女性アスリートとしての健康のバロメータととらえてもいいでしょう。

成長ピークの後に初経が訪れる

成長ピークを迎えた後で初経がくる。初経の遅れは、成長に必要な栄養が不足している可能性が大。体に月経を起こすだけの余裕がないことが疑われる。

性的発達の発達指標

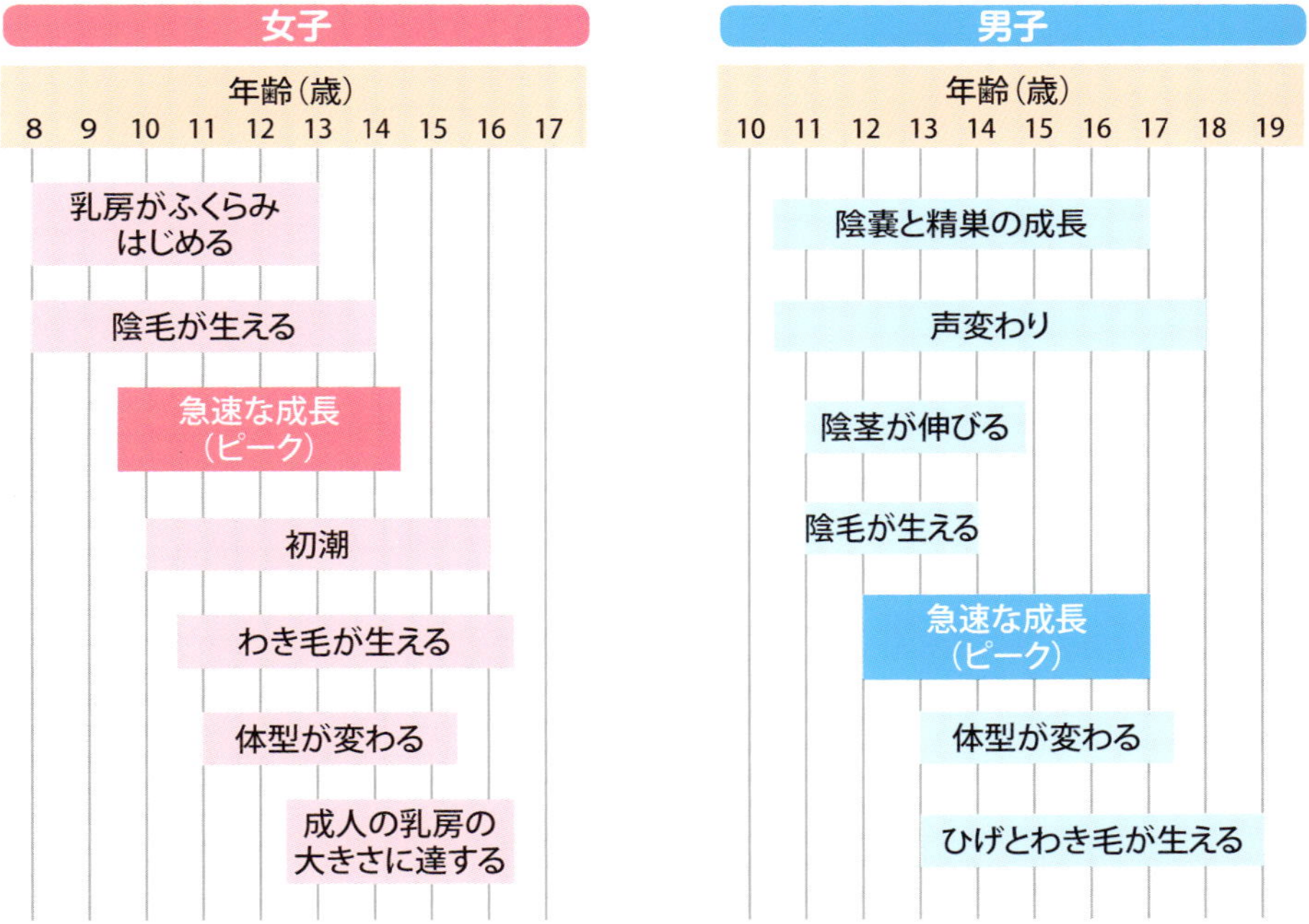

出 典：From the MSD Manuals (Known as the Merck Manuals in the US and Canada and the MSD Manuals in the rest of the world), edited by Robert Porter. Copyright 2019 by Merck Sharp & Dohme Corp., a subsidiary of Merck & Co, Inc, Kenilworth, NJ. Available at http://www.msdmanuals.com/ja-jp/. Accessed (Accessed Oct 24, 2019.).

成長ピークの後、10〜15歳ごろに初経を迎える女子が多い。15歳になっても初経がなければ、栄養不足と病気の両方を疑い婦人科に相談を。

まとめ
- 初経は成長ピークの後、10〜15歳でくる
- 初経が遅れたり3か月以上無月経は利用可能エネルギー不足になっている可能性大!

07

体脂肪率15%が月経を継続できる目安

月経がきちんとくる体脂肪率をキープする

女性ホルモン分泌の司令は脂肪細胞が出している

栄養不足で初経を迎えられなかったり月経が止まったりする理由に脂肪が大きく関係しています。というのも、脳の視床下部に「女性ホルモンを分泌しなさい」と司令を出しているのは、脂肪細胞から分泌されるレプチンというホルモンだから。**十分に成長できないと体に脂肪もつかず、脂肪細胞からレプチンも分泌されません。**すると視床下部も働かず、女性ホルモンが分泌されにくくなります。体脂肪率が15%以下になると、月経異常になる確率はグンと上がります。体脂肪率をキープすることが、月経を守ることにつながるのです。

月経を起こすのに必要な体脂肪率を知っておく

大前提として、ジュニア期までは健全な発育、発達を最優先させ、初経を迎えられる体づくりを目指します。そのうえで体脂肪率15%は月経がくるための目安であり、17%で月経異常が起きる人もいれば、15%を切っても月経異常が起こらない人もいます。ジュニア期以降、体を絞っていくにあたり、どのぐらいまで体脂肪率が落ちると月経が止まるのかを見極めましょう。その数値以下に体脂肪率を落とさないようコントロールすれば、月経異常に陥ることなく健康な競技生活を続けることができます。

月経周期を守りながら体脂肪を落とす

月経が止まるのは体脂肪を落としすぎという危険信号。健全に発達して初経を迎え、その後、月経異常にならない体脂肪率をキープしよう。

ジュニア期（15歳）までは……

ダイエットより健全に発育・発達をすることが最優先。きちんと初経を迎えることが大事。

ジュニア期以降で体脂肪を落とすなら……

どのぐらい体脂肪を落とすと月経異常が起きるのかを知り、それ以下には落とさないようコントロール。いきなり月経が止まるわけではなく、周期があいたり月経が長引くのが前兆。おかしいと感じたらすみやかに食事量を増やすこと。

まとめ

- ●初経を迎えるまでは発育、発達が最優先
- ●月経異常になる目安は体脂肪率15%以下
- ●自分にとって月経を継続できる体脂肪率を知る

08

疲労骨折の危険年齢は16～17歳！

エネルギー不足に陥《おちい》ると骨密度が下がり骨がもろくなる

女性ホルモン分泌で骨密度は上がっていく

ＦＡＴには骨粗しょう症もあります。栄養が不足すれば骨の材料となるカルシウムなどが足りなくなってしまうのが原因の一つ。ほかにエネルギー不足により月経が止まり、女性ホルモンの分泌が減ることも、骨粗しょう症の原因です。骨は形成されたり壊されたりを繰り返しながら強くなりますが、女性ホルモンのエストロゲンの分泌が減ると骨が再生されにくくなるからです。

エネルギー不足により初経が来なかったり月経が止まったりすれば、女子アスリートの骨は非常にもろくなってしまいます。

骨量を貯金できるのは20歳まで！

骨量が足りないままトレーニングを続ければ、疲労骨折を起こしやすくなります。疲労骨折する女子アスリートのピーク年齢は16～17歳ごろ。また、骨密度のピークが20歳であることも忘れてはいけません。競技引退後に食事量を戻し月経がきたとしても、20歳以降はほぼ骨量を増やせないのです。将来閉経すれば女性ホルモンの分泌が止まり、骨粗しょう症のリスクがアップ。20歳までにどれだけ骨量を貯金できていたかがカギとなります。若いうちに骨粗しょう症になると将来骨折するリスクも高まってしまうのです。

骨量がピークになる20歳まで骨貯金をためる

骨粗しょう症でトレーニングすれば、疲労骨折のリスクが高まる。また、骨量が最大になる20歳までにどれだけ骨貯金ができるかが一生の健康を左右する。

骨量の経年変化

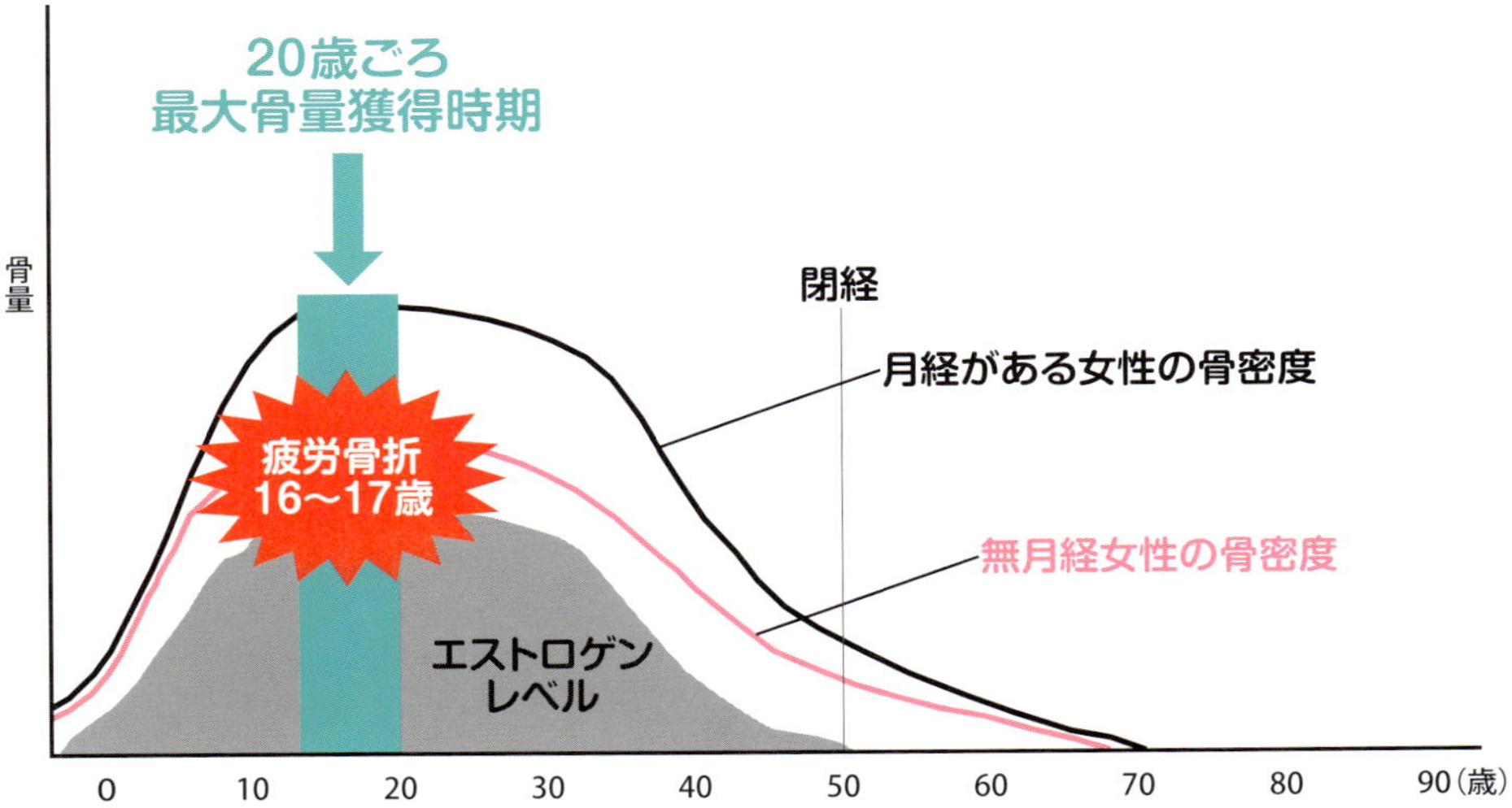

出典：スポーツ栄養「アスレシピ」より一部改訂

最大骨量を獲得できる20歳までにエネルギーをしっかりとり、骨量を上げることが大事。疲労骨折を予防すれば長く競技を続けられるし、将来の骨粗しょう症も防ぐことができる。

まとめ

- エネルギー不足だと骨粗しょう症になりやすい
- 疲労骨折しやすいのは16～17歳
- 骨量のピークを迎える20歳までに骨量を増やす

09

骨の健康を守るためにできること

BMI18.5以上をキープし骨を強化する栄養素をとろう

BMIが18.5を切らないよう体重をコントロールする

10代で骨粗しょう症にならないためには、エネルギー不足の予防が何より肝心です。目安の一つがBMIという肥満指数。身長と体重から割り出す数値で（計算法は25ページ）、**BMIが18・5未満はやせ型に分類され、骨粗しょう症のリスクが増えるといわれています。**18・5を一つの目安とし、下回るなら、医療機関などで骨密度を測定することをおすすめします。

骨量を増やすには骨に負荷をかけることが必要です。**体重の増加や、運動によって刺激を与えることが有効と覚えておきましょう。**

カルシウム、たんぱく質、ビタミンCをとる

骨の強化といえばカルシウムがまず思い浮かぶでしょう。**カルシウムといっしょにビタミンCをとることで、カルシウムの吸収率が高まります。**

そのほか、**カルシウムを骨に吸着させるには、ビタミンDが必要です。**ビタミンDは日光を浴びることで体の中で活性化されます。室内競技や、美白を求めて日焼け対策を万全にしすぎている女子アスリートもいるでしょうが、一日15分程度は日光に当たり、ビタミンD欠乏症を防ぎましょう。

たんぱく質も、骨量を増やすのに欠かせません。不足しないようにとりましょう。

骨粗しょう症を予防するための4つの取り組み

エネルギーが不足して無月経や骨粗しょう症にならないことが第一。ほかにも骨の健康を守るためにできる取り組みがある。

骨強化に役立つ栄養素をとる

カルシウムは必要だが、「牛乳だけ飲めばいい」などと単品だけとるのはNG。たんぱく質やビタミンCも骨をつくるのには必要な栄養素だ。

牛乳のほかに小魚にもカルシウムが豊富。ビタミンCと合わせてとろう。

BMI18.5をキープする

体重と身長から割り出す肥満指数。18.5未満になると疲労骨折の危険性が増す。18.5を切らない体重を維持するのが一つの予防目安だ。

BMIの計算方式

体重(kg)÷(身長(m)×身長(m))
＝BMI

身長150cm体重42kgなら
42÷(1.5×1.5)＝18.67
体重が42kgを下回るとBMIが18.5を切る恐れがある。これ以上減らさないことが肝心。

※BMI指数は成長期には当てはまらないので、高校生以降に活用すること。

1日15分は日光を浴びる

カルシウムを骨に吸着させるのに必要なビタミンDは、日光を浴びることで体内で活性化される。1日15分、日光を浴びるよう心がけよう。

適度に運動する

骨は運動で刺激されることで強くなっていく。女子アスリートには無縁の話だが、運動不足も骨粗しょう症の原因になる。

まとめ

- エネルギー不足にならずカルシウムやたんぱく質、ビタミンCを積極的にとる
- BMI18.5を切らないよう体重をキープする

10

貧血は女子アスリートがなりやすく気づきにくい！

貧血は自覚症状がないことも。疲れやすいなら要注意

月経や汗で鉄が出ていくので欠乏しやすい

赤血球の中のヘモグロビンを合成するには、材料となる鉄が必須です。鉄は吸収率が悪いこともあり、不足しがちな栄養素。そのうえ女性は毎月月経によって鉄を失うので貧血になりやすく、さらに**女子アスリートは汗といっしょに鉄が出ていくため鉄欠乏症《てつけつぼうしょう》になりやすいのです。**多くの鉄を必要とする成長期も、貧血のリスクはつきまといます。貧血は突然クラッと倒れるわけではなく、気づかないうちになっていることも多いもの。めまいや疲れやすさ、朝起きられないなどの変調を感じたら、貧血を疑ってみましょう。

アッカンベーをして下まぶたの裏の色を見る

貧血になると体の組織に十分な酸素が行き渡らなくなるため、有酸素運動の能力が落ちやすくなります。持久系競技の選手は、タイムが伸びない原因が貧血にあることも少なくありません。

貧血を判断するサインの一つがアッカンベーです。**貧血になると、通常ピンクがかっている下まぶたの内側が白っぽく見えます。**アッカンベーをして、色を確認してみましょう。また原因は不明ながら鉄欠乏症貧血になると「無性に氷を食べたい」と感じる人が多い傾向があります。氷を好んで食べるようになるのも、貧血の前兆かもしれません。

貧血を見落とさない!

自覚症状がないまま、貧血が進んでいることもある。「おかしいな」と感じたら、医療機関を受診して血液検査を受けてみよう。

貧血の前兆

- □ 疲れやすい、練習の疲れが抜けない
- □ 走った後、いつまでも息切れが止まらない
- □ 原因が思い当たらないままタイムが落ちる
- □ 朝、起きられない
- □ 顔が黄色っぽい
- □ 爪が白っぽい
- □ 無性に氷を食べたくなる
- □ アッカンベーをすると下まぶたの裏が白い

チェックしてみよう!

まとめ

- ●女子アスリートは貧血になりやすい
- ●自覚症状がないまま貧血になることもある
- ●貧血の前兆を知り注意する

11

鉄を含む食材をとり食生活で貧血を予防する

貧血はなってから治すよりならないことが肝心

検査で異常なしと出ても実は貧血になっていることも

鉄欠乏性貧血《てつけつぼうせいひんけつ》が疑われたら、受診して診断を受けます。血液中の赤血球やヘモグロビンの量を調べますが、女子アスリートの場合、多くの鉄を必要とするため、これらの数値が正常の範囲内でも貧血になっていることがあります。そこで調べたいのがフェリチン。**鉄と結合するたんぱくの量を調べる検査で、貯蔵鉄不足（鉄欠乏性貧血）を診断する材料に。**女子アスリートの貧血も見つけることができます。アスリート向けの外来であればフェリチンの検査もしてもらえるので、気になる人は受診してみるといいでしょう。

貧血は予防が大事！造血効果のある食品をとる

貧血は鉄剤を服用し、同時に食生活を見直すことで治療しますが、とても時間がかかります。その間トレーニングを休まなくてはならない場合もあるので、何より予防が肝心です。サプリメントもありますが、あくまで栄養補助食品。**食事で摂取することを第一に考えましょう。**

鉄は野菜や卵に含まれる非ヘム鉄と、レバーやマグロ、赤身肉などに多いヘム鉄があります。吸収率がいいのはヘム鉄で、ビタミンCやたんぱく質食材をいっしょにとると、吸収率を上げることができます。

貧血の予防・改善に役立つ食材

鉄を多く含む食材だけでなく、鉄の吸収を助ける栄養素、赤血球をつくるのに役立つ栄養素など、幅広くとることが必要だ。

ヘム鉄

おすすめの食材

レバー
赤身の肉、赤身の魚（まぐろ）
貝（あさり、しじみ）…など

非ヘム鉄

おすすめの食材

ほうれんそう、小松菜
納豆、卵黄、
油揚げ…など

造血効果のある栄養素

ビタミンB12（さけ、かきなど）
葉酸（鳥レバー、いちごなど）

鉄の吸収を上げる

たんぱく質（肉、魚、豆など）
ビタミンC（柑橘類など）

まとめ

- 女子アスリートの貧血はきちんと検査して調べる
- 貧血は鉄剤や食生活で治療するが時間がかかる
- 貧血にならない食生活を心がける

12

月経前症候群や月経困難症は食事で改善できるかも

月経の症状が重いなら栄養が足りているか見直して

女子アスリートを苦しめる黄体期《おうたいき》と月経期

女子アスリートにとって月経はやっかいもの。試合と重なって力を発揮できなかったなんて経験もあるのでは？　ただし女性ホルモンは骨を強化してくれたり、女性らしい体をつくるのに欠かせません。上手に付き合っていきましょう。月経周期の中でコンディションに悪影響を及ぼしがちなのが月経前（黄体期）と月経中。症状が重い人は、エネルギーが足りているか見直してみましょう。というのも、**減量重視から適切な栄養摂取に切り替えたことで月経のつらさが軽減した女子アスリートも大勢いるからです。**

月経の症状をやわらげる栄養素をしっかりとる

そのうえで、症状緩和に効果がある栄養素を積極的にとりましょう。**かつおやさばに多く含まれるビタミンB6や、レバーなどに多く含まれる亜鉛**には、女性ホルモンの働きを助ける働きがあります。**大豆に含まれる大豆イソフラボンも、女性ホルモンのバランスを整えてくれます。**

また、イライラの解消に役立つカルシウムやマグネシウム、ストレスにより消費されるビタミンやミネラルも、月経時期にはたっぷりとりたいもの。これらの栄養素を味方につけ、月経のつらさを乗り切っていきましょう。

月経周期と症状緩和に効く栄養素

月経周期のうちパフォーマンスが下がりがちなのが黄体期と月経期。この期間をサポートしてくれる栄養素をしっかりとろう。

月経周期と特徴

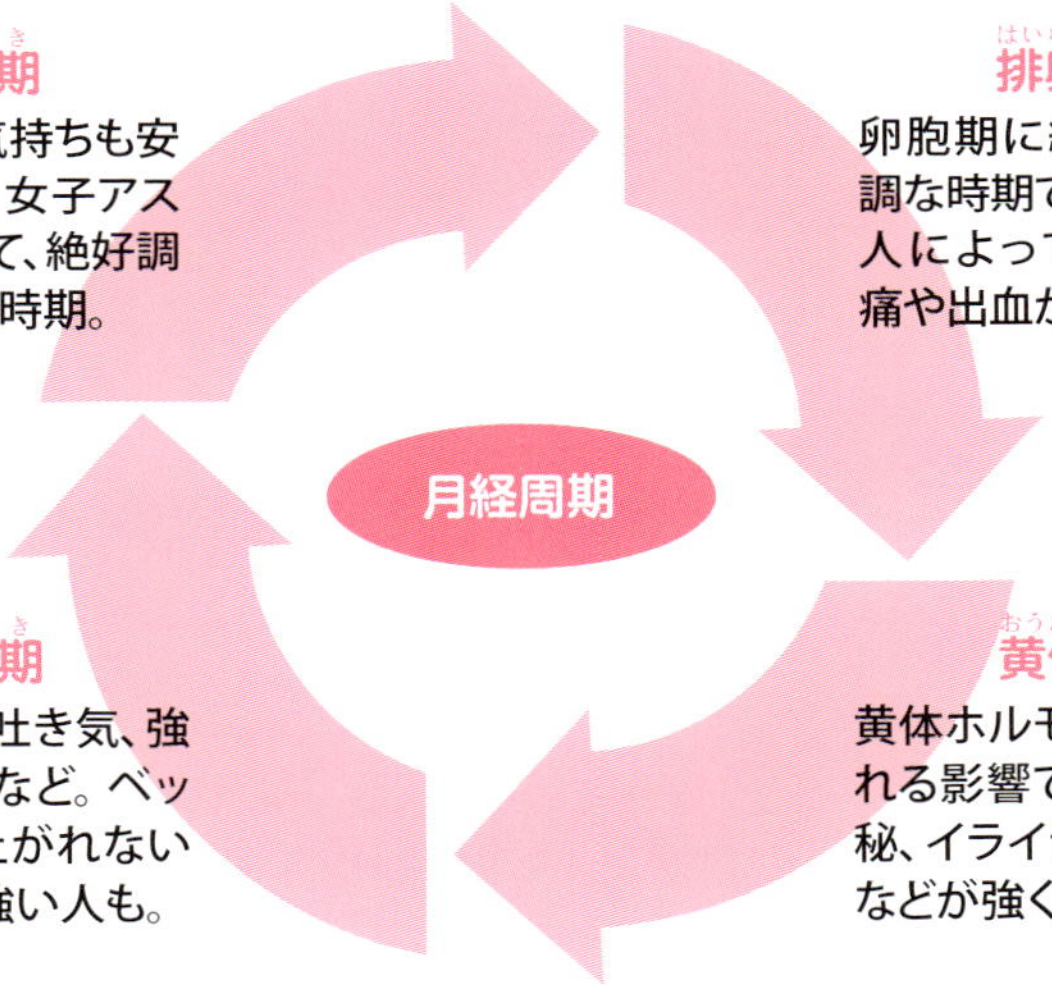

卵胞《らんほう》期《き》
体調がよく気持ちも安定しやすい。女子アスリートにとって、絶好調と感じられる時期。

排卵《はいらん》期《き》
卵胞期に続き体調好調な時期であるものの、人によっては軽い腹痛や出血がある場合も。

黄体《おうたい》期《き》
黄体ホルモンが分泌される影響でむくみや便秘、イライラ、落ち込みなどが強くなりやすい。

月経《げっけい》期《き》
腹痛、腰痛、吐き気、強い落ち込みなど。ベッドから起き上がれないほど症状が強い人も。

月経の症状緩和が期待できる栄養素

栄養素	働き	多く含まれる食品
ビタミンB6	女性ホルモンの働きをサポート。むくみや貧血予防にも働いてくれる。	かつお、さば、レバーなど。
ビタミンB12	赤血球をつくるのに役立つ。貧血の予防、改善に。	さけ、かき、レバーなど。
大豆イソフラボン	女性ホルモンであるエストロゲンに似た働きをして女性ホルモンを活性化。	納豆や豆乳など大豆製品。
カルシウム・マグネシウム	カルシウムは気持ちを安定させ、マグネシウムはむくみ感を解消。	牛乳、小魚、ごまなど。
ビタミン・ミネラル	血液の循環を促すなど、体のめぐりをよくして月経痛を軽減。	野菜や海藻、魚介類など。

まとめ

- 栄養不足によって月経困難症や月経前症候群の症状がひどくなっていることも
- 症状軽減が期待できる栄養素をとる

13

月経周期による体重の増減を把握しておこう

月経前の食欲をガマンしすぎなくてOK

月経前は太りやすく　月経が終わるとやせやすい

体形や体重に気をつかっている女子アスリートは多いですが、とらわれすぎるのも考えもの。というのも、**女性は月経周期によって、体重が増えていく時期と減っていく時期があるからです。**簡単にいうと、月経前は太りやすく終わるとやせていくのです。これは、ホルモンの影響によって月経前は体が水分をためこもうとするため。月経前はむくみやすく太りやすくなりますが、月経が終われば水分は抜けていきます。ですから、「食べていないのに太る」と焦る心配はなし。まずは体重の増減にも周期があることを知っておきましょう。

月経前の旺盛《おうせい》な食欲を　無理に抑えるとストレスが倍増

月経前は、食欲が抑えられない女性も多いもの。それもチョコレートやポテトチップスなど、アスリートとして日ごろ控えているものを欲する傾向があります。月経前はホルモンや自律神経のバランスが崩れイライラしがち。不安定な気持ちを食べることでなだめたくなるのでしょう。ここで要求を押さえつけると、さらにストレスがたまります。気持ちが落ち着くなら、少量口にしても構わないでしょう。日ごろカロリー制限をしすぎていると、欲求が強くなる傾向があります。**必要な栄養が十分足りているか、見直すことも必要です。**

月経周期と体重の関係

排卵期から体重は増加し、月経が始まると落ちていく傾向が。基礎体温を計ると、今がどの時期なのかわかりやすくなる。

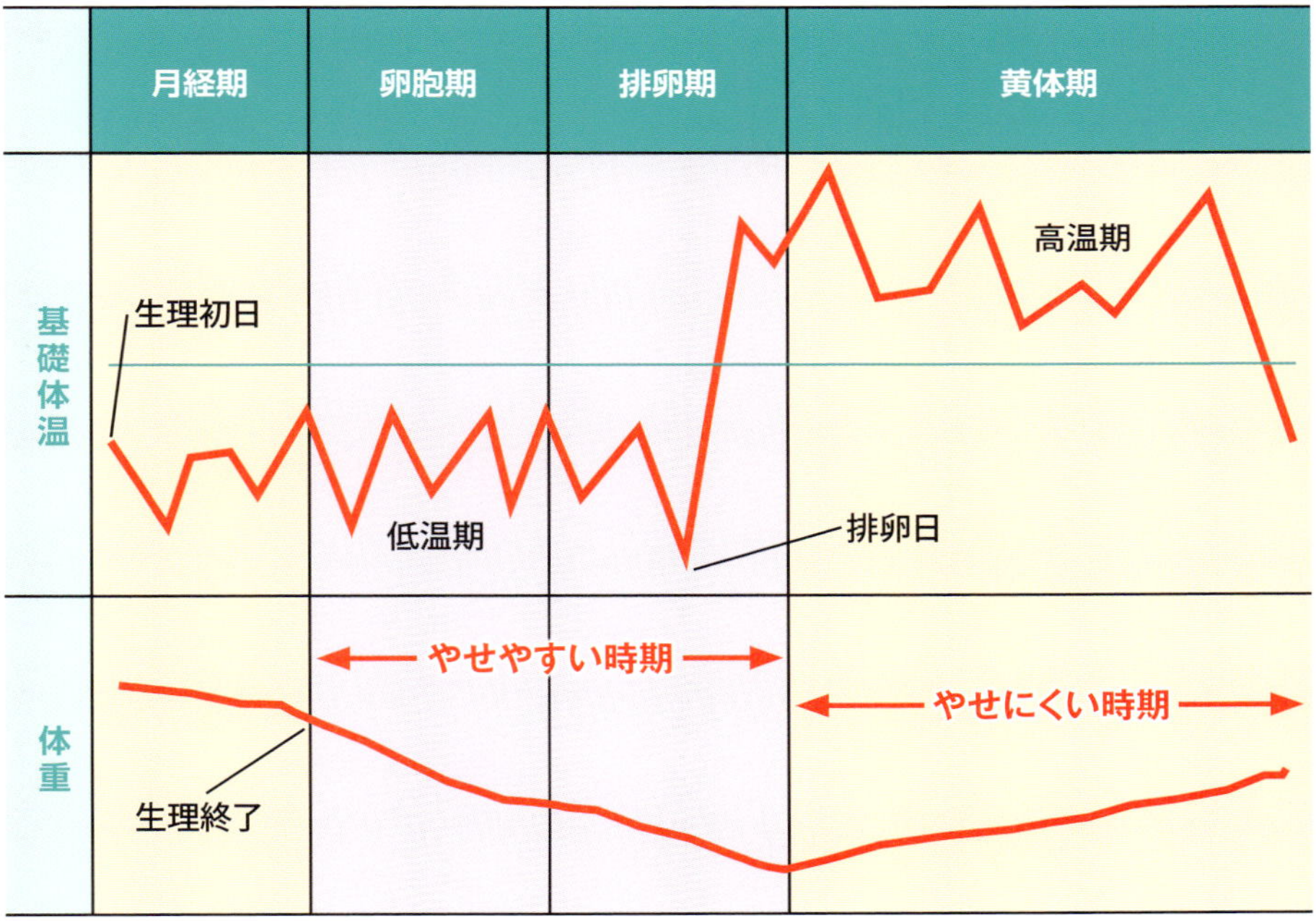

月経周期と基礎体温は連動している。「基礎体温が上がったからそろそろ体重が増え始めるな」というように、体の状態を知るヒントになる。

まとめ

- 女性の体重は月経周期によって増減がある
- 月経前の食べたい気持ちを抑えすぎない
- 食べたい欲求が強すぎる人は栄養不足の可能性も

14

暑さに弱い女子アスリート。熱中症はどう防ぐ？

トレーニング前から水分をとりトイレの回数や尿の色に注意する

のどが渇《かわ》いたときすでに体は脱水している

熱中症になるのは真夏の屋外だけではありません。体温の上昇が原因のため、体育館など屋内でも危険はあります。また、男性よりも**筋肉量が少なくためられる水分量も少ない女子アスリートのほうが、熱中症リスクが高いことを知っておきましょう。**

熱中症を防ぐには、脱水にならないことが肝心。のどが渇いたときに飲む、運動したら飲むのでは不十分。のどの渇きを感じたらすでに体は脱水していますし、水分が不足した状態で運動を始めればすぐに脱水してしまいます。**水分補給をしてからトレーニングを始める習慣をつけましょう。**

運動時にはナトリウムを含んだスポーツドリンクが◎

普段は塩分や糖分を含まない水やお茶を飲むのがおすすめですが、**汗をかいたときにこれらをガブ飲みすると血液が薄まり「低ナトリウム血症」になる恐れがあります。**また、糖分が多いと吸収に時間がかかるので、運動時の水分補給にジュースも不向き。スポーツドリンクがいいでしょう。トレーニング中は10～15分おきに100～200ミリリットルの水分補給を忘れないようにしましょう。トイレの回数が少なかったり、尿の色が濃くなってきたら脱水しているサインです。すみやかに水分をとり、熱中症を予防しましょう。

熱中症を防ぐコツ

のどが渇いたと感じたときはすでに１～２％の水分を失っている。のどが渇いているのをガマンするのは絶対NG。のどが渇く前に飲むのがベストだ。

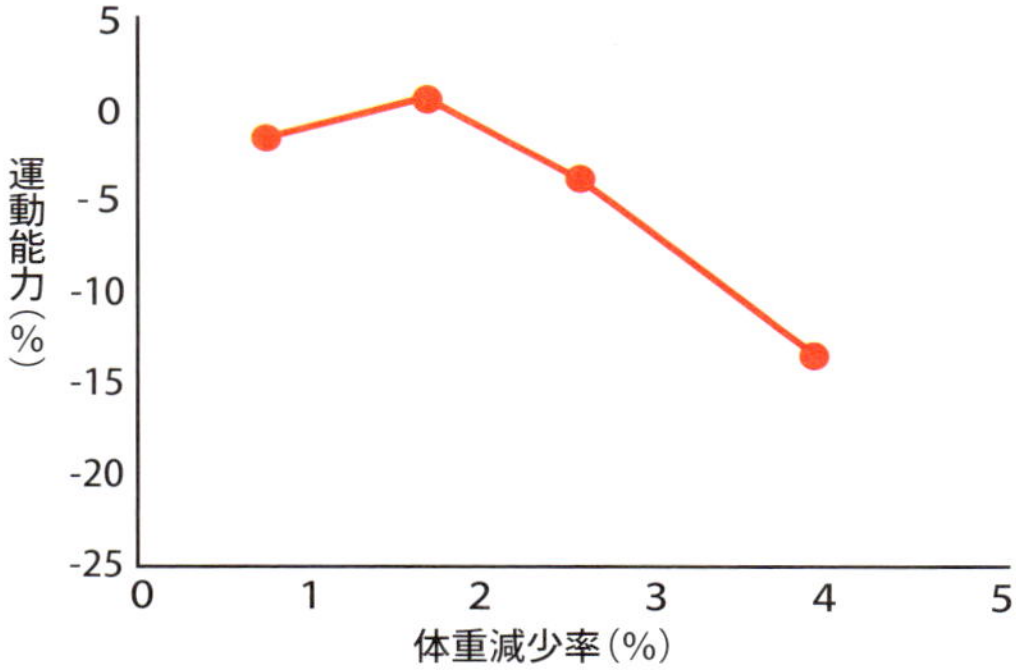

出典：Yoshida et al. Eur J Appl Physiol, 2002, 87: 529-534

水分を失うとパフォーマンスは落ちる

水分を１％失うだけで、運動能力は下がる。脱水が激しくなればそれに比例して動けなくなり、やがて熱中症になってしまう。

熱中症のサインを見逃さない

- のどが渇く
- トイレの回数が少ない
- 尿の色が濃い
- 頭痛がする
- 手足がしびれる
- 足がつる
- 吐き気がする
- 異常に汗をかく

運動中は0.1～0.2%の塩分入りドリンクを

汗をたくさんかいたときは、血液のナトリウム濃度を下げないために0.1～0.2%の食塩水を飲むこと。スポーツドリンクなら、100ミリリットルあたり40～80ミリグラムのナトリウムが入ったものを選ぼう。

まとめ

●屋内でも熱中症の危険がある
●汗をかいたら水ではなくスポーツドリンクを飲む
●尿の色が濃いなど脱水のサインを見逃さない

15

ビタミンACEの抗酸化力で日焼けのダメージを防ぐ

日焼けは美肌だけでなくパフォーマンス面でも大敵

日焼け止め、UVインナー、サングラスで紫外線からガード

1日中太陽の下にいる屋外スポーツは、紫外線の影響が甚大《じんだい》。女子アスリートとしては、肌への影響が気になります。シミやソバカス、シワの原因になりますし、皮膚がんのリスクが高まる点も見逃せません。また、**紫外線を浴びると動いた分以上の疲労を感じます。競技のパフォーマンスが下がる恐れがあるのも日焼けのデメリットです。**

日焼け止めを塗り、可能ならばＵＶ効果のあるアンダーウエアを着て肌をガード。目から入る紫外線によっても疲労はたまるので、紫外線の強い季節はサングラスも身につけたいところです。

ビタミンACEで体の中から活性酸素に対抗する

紫外線によって体がダメージを受ける理由は、紫外線を浴びると体内で活性酸素が発生するから。肌のダメージや疲労から体を守るには、**活性酸素の量を減らさなくてはなりません。そこで頼りになるのがビタミンＡＣＥ（エース）。**

うなぎやレバーに多く含まれるビタミンＡ、野菜や柑橘類に多く含まれるビタミンＣ、魚介類やアーモンドなどに多く含まれるビタミンＥは、いずれも抗酸化力が高く、紫外線によるダメージを軽減する働きがあります。**体の内側からも、紫外線対策を万全にしていきましょう。**

紫外線のダメージから身を守る

紫外線が怖いのは、シミになるなど美容面だけではない。疲労によって競技のパフォーマンスが落ち、体の内側からも老化が進む。万全に対策しよう。

体の内側からガード

ビタミンACE

活性酸素に対抗するには、抗酸化力の高い栄養素を取り入れること。ビタミンACEが頼りになる!

ビタミンA

皮膚や粘膜を守る働きもある。うなぎやレバーに多く含まれる。

ビタミンC

メラニンの生成や色素沈着を抑える働きも。野菜や柑橘類に多い。

ビタミンE

新陳代謝を促す働きがあり、美肌に役立つ。魚介類やアーモンドに多い。

体の外側からガード

日焼け止め

汗で流れないよう、ウォータープルーフの日焼け止めがベター。まめに塗り直そう。

UVインナー、サングラス

ユニフォーム的に可能であれば、UV効果のあるインナーやサングラスを身につけたい。

まとめ

- 紫外線は体内の活性酸素を増やして疲労を誘発。競技のパフォーマンスにも悪影響
- 抗酸化力の強いビタミンACEを積極的にとる

16

便秘対策には腸内環境を整える
食物繊維や発酵食品をとって便秘知らず

食事量不足、水分不足で便秘になることも

便秘の原因として運動不足が挙げられるため、女子アスリートには無縁……と思いきや、便秘に悩まされている人は案外多いもの。**理由の一つは食事量の不足です。**便は摂取した食事のカスなので、食事量が少なければ材料が足りずにつくられません。**もう一つは水分不足。**1日1・5~2リットル+汗で失う分を補給する必要がありますが、それだけ飲めていない人も多いもの。水分が足りなければ腸の動きが低下します。

ほかに試合へのプレッシャーやストレスから便秘になることもあります。

善玉菌を増やして腸内環境を整える

食事量が足りないようなら食べる量を増やしましょう。**意識してとりたいのは食物繊維。**野菜やきのこに多く含まれる不溶性《ふようせい》食物繊維は便のかさを増やして腸を刺激する働きがあり、海藻類やこんにゃくに含まれる水溶性《すいようせい》食物繊維には便をやわらかくしてコロコロ便になるのを防ぐ働きがあります。腸内の善玉菌を増やすキムチやヨーグルトなどの発酵食品、乳酸菌のえさになるオリゴ糖もぜひとりたいところ。朝起きたら水を1杯飲んで胃腸を刺激するのもおすすめです。朝食をとってしっかり胃腸を動かしてあげましょう。

便秘にならないための食習慣

便秘を遠ざけるには、食事の量や水分の量を意識することが大切。腸内環境を整えるために積極的に食べたいものも、知っておこう。

食事で気をつけること

食事量を減らしすぎない

食事が少なければ便の元になる食事のカスもない。適度な食事量になっているか確認を。

水分をしっかりとる

水分不足だと腸の中で便がカサカサになり、腸の動きが悪くなる。こまめにたくさん飲もう。

朝食を必ず食べる

朝食を食べれば、胃腸がスムーズに動き出す。朝、１杯水を飲むのも胃腸を刺激できて◎。

積極的に食べたいもの

食物繊維

野菜やきのこに多く含まれている不溶性食物繊維は便のかさを増やし、海藻やこんにゃくに多く含まれる水溶性食物繊維が便をやわらかくする働きがある。両方とるのが理想だ。

発酵食品

発酵食品であるみそやチーズ、キムチ、ヨーグルトなどは、腸内の善玉菌を増やし、腸内環境を整える働きがある。さまざまな発酵食品を食べることで、善玉菌の種類も増える。

オリゴ糖

バナナやごぼうなどに多く含まれているオリゴ糖は、腸内の善玉菌のえさになってくれる。善玉菌が含まれる発酵食品といっしょにとると、便秘防止効果がより高くなる。

まとめ

- 食事量や水分量が少ないとアスリートも便秘する
- 朝食をきちんと食べることで朝から胃腸が動く
- 食物繊維や発酵食品、オリゴ糖を積極的にとる

コラム

低容量ピルを上手に活用してベストな状態で試合にのぞもう

月経をズラして試合でパフォーマンスアップ

ＦＡＴで月経がこない女子アスリートの中には、「むしろないほうがラクでいい」と考える人もいます。確かに大事な試合の日と月経が重なり、思うように力を発揮できないなら、いっそないほうがいいと思うかもしれません。しかし、骨粗しょう症の予防のためにも、月経は不可欠です。試合の日と重なりたくないのであれば、低容量ピルを使って月経をコントロールするのも手です。低容量ピルには、月経前症候群のイライラやむくみ、月経痛を抑える働きもありますから、月経がつらい人も服用を考えるといいでしょう。

日本では過去、「ピル＝避妊薬」のイメージが強かったせいかあまり広まっていませんが、海外の女子アスリートの間では、月経が競技に影響しないようピルを使うのは当たり前のことと認識されています。

低容量ピルは初経を迎えた人なら、処方してもらうことが可能。費用は1か月３０００円ほどで、産婦人科を受診し、処方してもらいます。薬は複数種類があり、人によって合う、合わないがあります。また、むかつきや不正出血など、副作用が出る可能性があることも知っておきましょう。医師の説明を聞き、メリットのほうが多いと納得できれば、ぜひ競技生活に取り入れてみてください。

第2章
パフォーマンスを上げる女子アスリートの食事術

勝てる体は競技によって違います。
自分の競技に合う体をつくり上げるには
どんな栄養をとればいいのか、
目的別食事術を紹介します。

トレーニング効果を上げるために食事で気をつけることは？

17

食べられる食事量に見合わないトレーニングはしない

エネルギーが足りないとトレーニングがムダになる

トレーニングすると疲労によって体の機能は低下します。しかし栄養と休養をとることで前より高いレベルに回復。これを「超回復」といって、トレーニングで強くなれる仕組みです。ところが栄養や休養が足りなければ、疲労がたまるばかり。慢性疲労が抜けなくなったり、女子アスリートならFATに陥ったり。疲労が蓄積すれば「オーバートレーニング症候群」になり選手生命を絶たれることもあります。必要な栄養が足りているか、超回復できるエネルギーを残せないほどトレーニングしていないか、常に確認しましょう。

授業中寝たり食事できないほど疲れるなら要注意

授業中に疲れて寝てしまう、練習が終わると疲れて食事もできないという日常なら、食事量が足りないかトレーニング量が多すぎます。もっと食事を多くとるか、これ以上食べられないのならトレーニング量を落とさなければなりません。特に小中学生の成長期だと、低身長になったり骨が十分に育たないといった、一生にわたるトラブルを引き起こす恐れもあります。食事から摂取できる限界のエネルギーから、毎日の生活を送るエネルギーと成長のエネルギーをマイナス。残ったエネルギーがトレーニングに使える最大エネルギーです。

トレーニング量と栄養摂取の関係

トレーニングの成果を上げるには、栄養と休息が必須。運動量と食事量のバランスがとれているか、日ごろの生活や成長具合から確認しよう。

トレーニングと超回復の仕組み

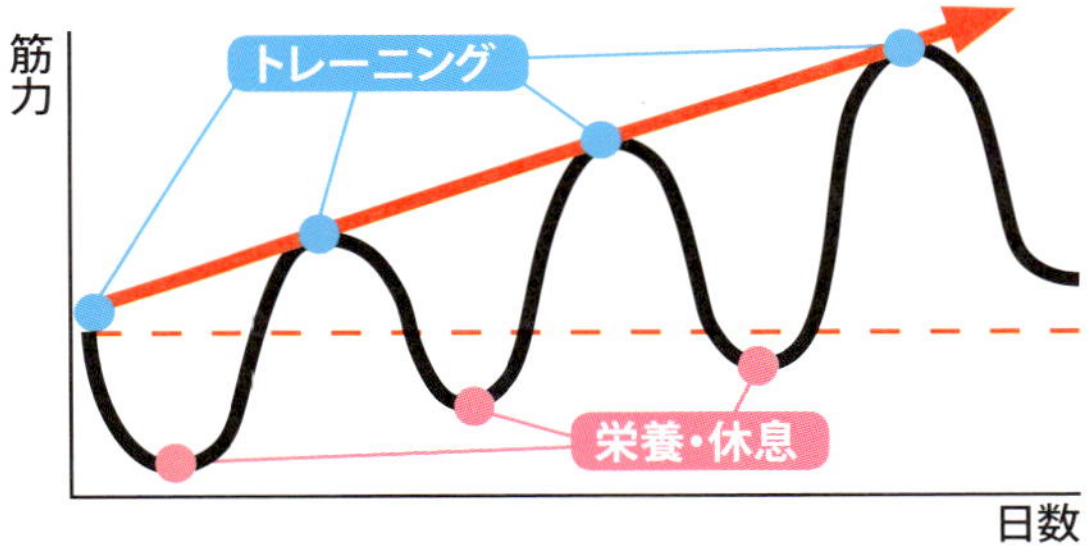

栄養と休息が十分

トレーニングすれば疲労で体の機能は落ちるが、十分な栄養と休息があれば前より高いレベルに回復できる。この繰り返しで筋力がついたり速く走れるようになる。

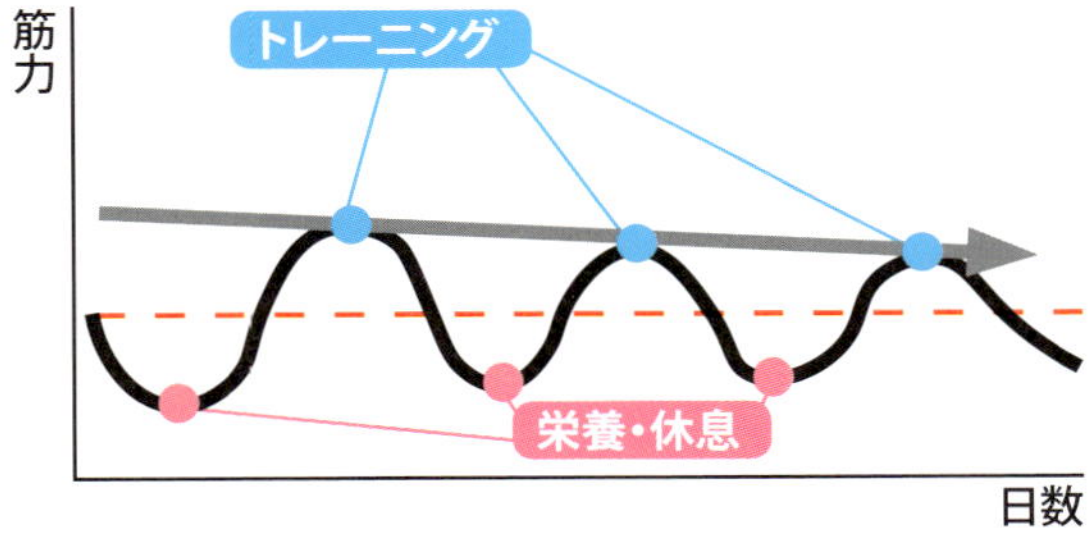

栄養と休息が不十分

食事量が少なかったり、食べている食事量ではカバーできないほど運動量が多いと超回復できない。すると、トレーニングをしても競技レベルが落ちていく。

食事量 < 運動量になっている目安

思い当たることがあれば、食事量を増やすか練習量を減らすことを考えよう。

- **授業中に寝てしまう**
- **眠くて朝起きられない**
- **練習後は疲れすぎて食事がとれない**
- **月経が止まる**
- **身長や体重が成長曲線（112ページ参照）から下に外れる**
- **疲労骨折する**

まとめ

- 十分な栄養と休息がないとトレーニングの効果は上がらない
- 成長期は特にトレーニングのしすぎに注意

18

男子より小食な女子アスリート。食事量を増やすには？

3食だけでなく補食をプラス。食事の回数を増やそう

練習の前後に補食でエネルギーをチャージ

女子アスリートが必要とするエネルギー量は男子アスリートの約80％。中には、もっと食べたくても今以上は食べられないという人もいるでしょう。無理に食べれば胃腸を壊します。一回の食事量が限界なら、食事の回数を増やしましょう。

朝練の後や午後の練習の前後に食べるのがおすすめ。スナック菓子やスイーツではたんぱく質や糖質など、とりたい栄養が不十分。練習で使うエネルギーや、すみやかに疲労回復するための栄養をチャージするには、おにぎりやサンドイッチ、乳製品、果物がおすすめです。

高カロリーのオイルやゼリーでエネルギー摂取を上げる

がんばって3食の食事プラス補食をとっているのにまだ足りないという場合には、少量で多くのエネルギーを摂取できるものを上手に取り入れましょう。消化吸収がよくエネルギーになりやすいMCTオイルや、免疫力を上げる効果のあるアマニ油などがおすすめです。また補食に使えるエネルギーゼリーは、飲みやすく少量で高カロリー、高たんぱく質のものも出ているので、状況に応じて使うのも良いと思います。

ただし、小中学生の成長期には、3食＋補食で足りないのであれば、運動量を落としましょう。

上手に補食をとるコツ

3食で食事量が足りなければ、補食をプラス。トレーニングの前後にとれば、エネルギー不足にならずに動くことができ、使った分はすぐチャージできる。

補食でとりたい食べ物

おにぎり

炭水化物は運動のためのエネルギーになる。さけやツナなどたんぱく質の具を選ぼう。

サンドイッチ

卵やツナ、チキンなど、良質なたんぱく質の具が入っているものがベスト。

乳製品

チーズやヨーグルトなど。軽いので動く前に食べるともたれやすい人にもおすすめ。

果物

果物の果糖は素早くエネルギーに変わってくれるので、エネルギー切れを防げる。

NG

お菓子は栄養にならない

ポテトチップやスイーツなどのお菓子ではとりたい栄養素が不足。おなかはふくらむものの栄養補給にはならない。

まとめ

- 食事量を増やせない場合は食事の回数を増やす
- 練習前後に補食を入れればエネルギー切れを防ぎ、練習で使った栄養をすみやかに補給できる

19

持久力、筋力、瞬発力……ほしい力を発揮するには？

競技ごとに最適な栄養摂取のバランスを知る

競技によってやるべきトレーニングは異なる

同じ女子アスリートでも、マラソンランナーと柔道選手ではまったく体が違います。それは、競技によって伸ばしたい運動能力が違い、そのためのトレーニング方法が異なるからです。

マラソンや長距離を泳ぐ水泳選手など長時間動き続ける競技は、**持久力をつけてスタミナ切れを防がなくてはなりません。**

一方、陸上の短距離やハイジャンプ、柔道などは、数秒から数分のごく短い時間に力を発揮することが求められます。**そのためには筋力と瞬発力を備える必要があります。**

自分の競技に特に必要な栄養素を知っておこう

サッカーやバスケット、バレーボールなどの球技は、持久力、筋力、瞬発力を兼ね備える必要があるうえ、**高度な頭脳プレーを発揮するための集中力も必要です。**フィギュアや新体操など審美系の競技は筋力や瞬発力をキープしながら**ウエイトコントロールもしなくてはなりません。**

マラソンにも筋力は必要ですし、フィギュアも後半まで力を保つには持久力が必要など重なる部分はあります。ただし競技ごとに時間を割くトレーニングが異なり、**トレーニングに合わせて特にとりたい栄養があることを知っておきましょう。**

競技別・必要なトレーニング

競技によって力を入れるトレーニングは違う。それぞれのトレーニングのために特にとりたい栄養があるのだ。

球技系競技

サッカー、バスケットボール、バレーボールなど

数十分から数時間動き続ける持久力と、ここぞというときに力を発揮する瞬発力、さらに連携プレーなど高度なテクニックを繰り出すための集中力も求められる。

持久力アップ
瞬発力アップ
集中力アップ

持久系競技

陸上、水泳、自転車、スキーの長距離など

長い時間にわたって競技を続けられる持久力が求められる。日ごろは、本番以上の距離や負荷をかけたトレーニングを行うため、それに耐えられる栄養素が必要。

持久力アップ

審美系競技

フィギュアスケート、体操、新体操など

ムダな脂肪は落とすが、ただやせればいいダイエットとは違う。筋肉量や高い瞬発力をキープしながら、理想の体形をつくっていくための食事が必要になる。

ウエイトコントロール
筋力アップ
瞬発力アップ

筋力・瞬発系競技

陸上短距離、ハイジャンプ、柔道など

短時間に一気に力を発揮するためには、筋力と瞬発力を鍛える必要がある。筋肉をつくる栄養素や、神経の働きを高める栄養素を積極的にとりたい。

筋力アップ
瞬発力アップ

まとめ

- 競技によってベストの体形は異なる
- 持久力アップ、筋力アップなど、トレーニングに合わせてとりたい栄養がある

20

持久力アップのトレーニングにはどんな栄養素が必要？

炭水化物、ビタミンB_1、鉄で長時間動ける体をつくる

エネルギー源になるのは ごはんなどに含まれる炭水化物

長距離走など長時間動き続ける競技では、持久力が必要です。持久力アップには、エネルギー源が底をつかないようたっぷり補充しなくてはいけません。**体を動かすエネルギー源になるのは、ごはんやパン、麺類などの炭水化物。**炭水化物の糖質が消化・吸収される過程でブドウ糖になり、グリコーゲンとなって働きます。グリコーゲンは体の中で筋肉と肝臓に貯蔵され、貯蔵量は250～400グラム程度。糖質のカロリーは1グラム4キロカロリーなので、1000～1600キロカロリーのエネルギーを蓄えている計算になります。

ビタミンB_1がないと エネルギーとして使えない

1000～1600キロカロリーというエネルギー量は、人によっては2時間程度のジョギングで使うエネルギー量と同等。エネルギー切れでへばらないようにするには、消費する分のエネルギーを食事で補わなくてはなりません。**摂取した炭水化物をエネルギーに変換するには、豚肉や大豆に多く含まれているビタミンB_1も必要です。**

また持久系競技は、たくさんの酸素を体に取り込むため、酸素の運搬に働くヘモグロビンも大量に必要。ヘモグロビンの材料となるたんぱく質と鉄も、意識して多くとるように心がけましょう。

持久力アップに必要な栄養素

体内に貯蔵しているエネルギーが切れてしまうと、動けなくなる。エネルギーの元となる炭水化物を補給し続けることが肝心だ。

エネルギー源になる
炭水化物

ごはんやパン、麺類に含まれる。長時間体を動かすエネルギー源のため、持久力系競技の女子は、3食で食べるだけでは不足。練習前後にも補充を。

炭水化物をエネルギーに変換
ビタミンB1

豚肉や、豆腐などの大豆製品に豊富。炭水化物をエネルギーとして使うには必須の栄養素。水に溶けやすく汗として失いやすいので不足しないようとること。

ヘモグロビンの材料になる
鉄、たんぱく質

持久系競技は有酸素運動。体に取り込んだ大量の酸素を体のすみずみに運ぶのはヘモグロビンの仕事だ。ヘモグロビンの材料である鉄をしっかりとること。

炭水化物がエネルギーになる仕組み

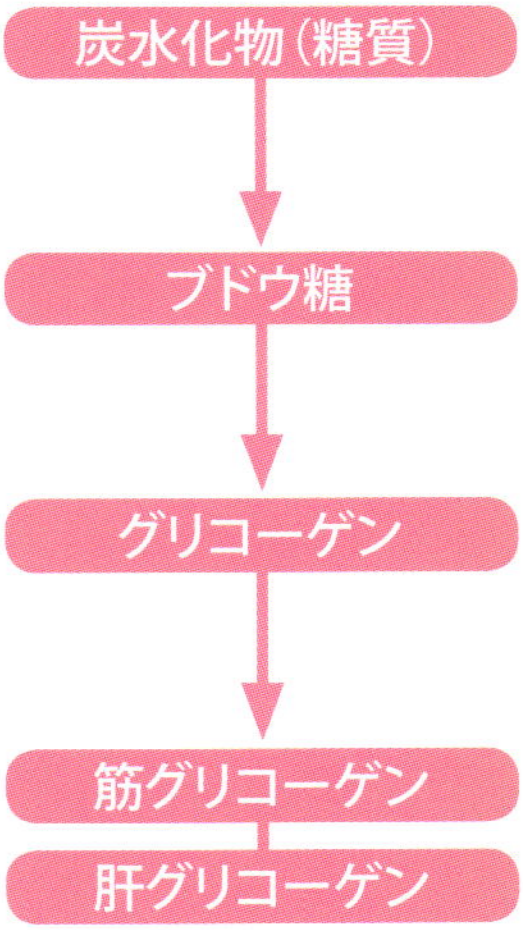

炭水化物の中の糖質が、消化される過程でブドウ糖、グルコースに分解されていく。体に吸収されてグリコーゲンとなり、筋肉と肝臓にためられる。このグリコーゲンのパワーで体を動かすことができる。

まとめ

- 持久力アップにはエネルギー源の炭水化物が必須
- 炭水化物の代謝にビタミンB1をとること
- ヘモグロビンの材料、鉄もきちんととる

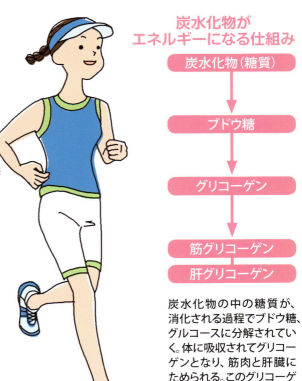

21

筋力アップのトレーニングにはどんな栄養素が必要？

たんぱく質、炭水化物、ビタミンB6で筋肉を肥大させる

筋繊維《きんせんい》が修復されて前より太くなるのにたんぱく質が必要

筋力をアップするには、筋肉を太く大きくする必要があります。筋肉は筋繊維という細い繊維が集まっていて、トレーニングで強い力がかかると筋繊維が傷つきます。傷が修復すると以前より太くパワーアップ。この繰り返しで筋肉が太くなり筋力がついていくのです。**筋繊維が修復されるタイミングで必要なのがたんぱく質です。**

女子アスリートは男子に比べ筋肉がつきにくい特性があります。3食でとるだけでは足りないことも。必要であれば補食でも、たっぷりとたんぱく質をとるように心がけましょう。

筋肉のエネルギーを補充しないと筋繊維は修復されない

たんぱく質が体に吸収されるよう分解したり、吸収された後で筋肉として合成するのに力を発揮するのがビタミンB6。たんぱく質とビタミンB6を同時にとると効率よく筋肉をつけられます。

筋肉をつけるのには炭水化物も必要です。というのもトレーニングをすると筋肉に貯蔵していた筋グリコーゲンというエネルギー源を使ってしまうから。筋グリコーゲンが不足していると、筋繊維の修復が行われません。**炭水化物で筋グリコーゲンが補充されてから、たんぱく質による筋繊維の修復が行われるのです。**

筋力アップに必要な栄養素

筋肉の材料になるのはたんぱく質。炭水化物やビタミンB6といっしょにとることで、筋肉が効率よくつくられていく。

筋肉の材料になる たんぱく質

肉、魚、卵、豆、乳製品に含まれる。たんぱく質を筋肉の材料にするには、肉ばかり、豆腐だけなど偏らず、５種類をバランスよくとることも必要だ。

筋肉のエネルギーを補充 炭水化物

トレーニングすれば、筋肉にためておいたエネルギーがなくなり筋繊維を修復できなくなる。ごはんやパン、麺類などに含まれる炭水化物でエネルギーを補充!

たんぱく質の分解&合成を助ける ビタミンB6

かつおやさばなどに多く含まれる。たんぱく質を分解したり合成するのに働いてくれるので、たんぱく質といっしょにとると、効率よく筋肉をつくれる。

筋肉が増える仕組み

❶運動をすると筋繊維が傷つき切れる。

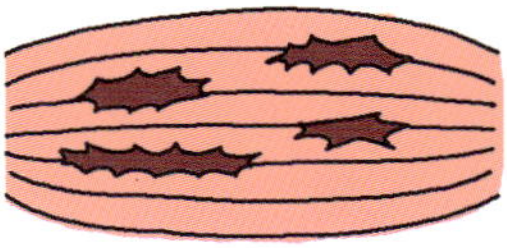

❷たんぱく質などの栄養によって筋繊維が修復される。

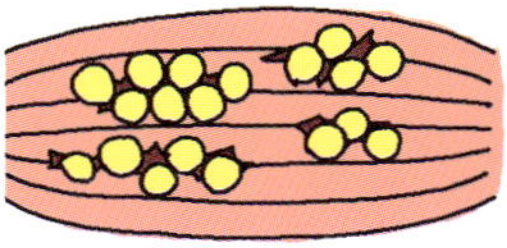

❸傷ついた筋繊維が前より太くなり筋肉量がアップする。

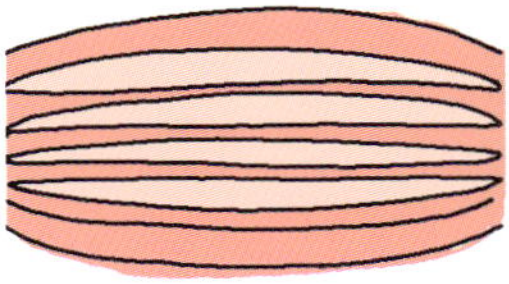

まとめ

- 筋繊維を壊して修復することで筋肉は太くなる
- 筋繊維の修復にたんぱく質が必要
- 炭水化物とビタミンB6をいっしょにとると◎

22

瞬発力アップのトレーニングにはどんな栄養素が必要？

たんぱく質、ビタミンB群、ミネラルで神経の働きを高める

脳の指令を素早く筋肉に伝える神経伝達の働きをアップ

スタートの合図とともにダッシュする、ディフェンスの一瞬の隙《すき》をついてシュートするなど、競技ではとっさに動ける瞬発力が勝ちを引き寄せる場面がたくさんあります。「体格やパワーに自信がないから、すばしっこさを身につけて活躍したい」と考えている女子アスリートも、いるのではないでしょうか。

瞬発力を上げる手段の一つは**筋力をつけること。**しなやかな筋肉がパワーとスピードを生み出してくれます。もう一つは、**脳の指令を筋肉に伝える神経の働きを上げることです。**

神経や伝達物質を合成する栄養素を摂取する

視覚や聴覚などから得た情報は神経を伝って脳へ、脳からの指令も神経を伝って筋肉へと届けられます。神経は一本の道があるわけではなく、一つずつの神経細胞が神経伝達物質を飛ばして信号をやり取りしています。神経そのものはたんぱく質、神経伝達物質はビタミンB_1やビタミンB_6、ビタミンB_{12}といったビタミンB群で合成されています。また、**伝達物質が神経間をスムーズにやりとりするためには、ナトリウム、カリウム、カルシウムといったミネラルが重要。**これらの栄養素をしっかりととりましょう。

瞬発力アップに必要な栄養素

筋肉をつけることが大事（50ページ参照）。ほかに神経細胞や神経伝達物質の元になる栄養素をとることで、とっさの判断や鋭い動きが可能になる。

神経細胞をつくる たんぱく質

神経細胞そのものは、肉、魚、卵、豆、乳製品に含まれるたんぱく質でできている。筋肉を合成するのにも必要なので、3食と補食でしっかりとろう。

神経伝達物質を合成する ビタミンB群

豚肉や大豆に多く含まれるビタミンB_1、かつおやさばに多いビタミンB_6、さけやかきに多いビタミンB_{12}などのビタミンB群が神経伝達物質を合成している。

神経伝達をスムーズにする ミネラル

ナトリウムやカリウムが水分バランスを調整し、このバランスが保たれることで、筋肉への神経伝達がスムーズになる。カルシウムには神経の緊張を緩和する働きがある。

情報が伝達される仕組み

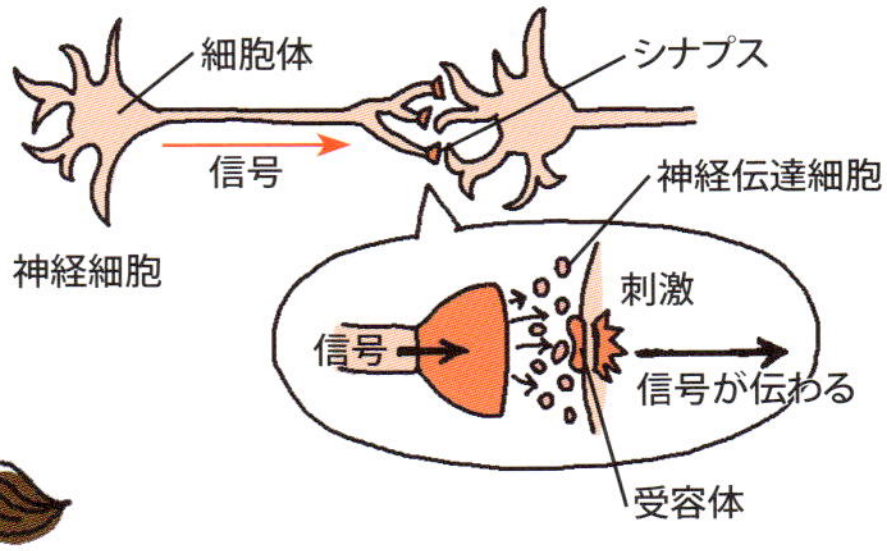

神経細胞から伸びたシナプスという場所から神経伝達細胞が飛び出す。この刺激を別の神経細胞が受けて、体の中を信号が伝わっていく。

まとめ

- 素早い動きには筋力アップが必要
- 神経の働きを上げるにはたんぱく質、ビタミンB群、ミネラルをとる

23

集中力アップのトレーニングにはどんな栄養素が必要？

脳の栄養である炭水化物や脳を活性化する青魚のＤＨＡをとる

脳の栄養が足りないとボーッとしてしまう

どの競技においても、最後まで高い集中力を保つことは大事です。集中力を落とさないためには脳の働きをキープし続けることが肝心。**脳のエネルギー源は炭水化物です。**ダイエットのためなどで炭水化物を減らすと、競技中に頭がフラつく恐れもあるので要注意。炭水化物をエネルギーに変換するのに必要な、ビタミンB_1と合わせて不足しないようにとりましょう。

また、**脳の働きを高めるのには、青魚の脂質に含まれるＤＨＡ（ドコサヘキサエン酸）も◎。**脳神経の情報伝達を活発にするといわれています。

脳に酸素と栄養を運ぶのは血液。貧血防止の鉄も必須

集中力を切らさないためには鉄をたっぷりとることも大切。脳に栄養を運んでいるのは血液ですから、貧血になると頭がボーッとして集中力がそがれるからです。**ヘモグロビンの材料となる鉄を積極的にとりましょう。**

栄養素ではありませんが、よくかむことも脳の働きを高めます。プロ野球選手がガムをかんでいるのも、リラックスしたり集中力を高めるのが狙いだそう。軟らかいものばかり食べず、野菜の皮や大きめに切った肉などよくかむことを習慣にするといいでしょう。

集中力アップに必要な栄養素

集中力を切らさないためには、脳が使うエネルギーを切らさないことが大事。脳の栄養になるのは、炭水化物が分解してつくられるブドウ糖だ。

脳のエネルギーになる 炭水化物

ごはんやパンなどに含まれる炭水化物。分解されてブドウ糖になり脳で使われる。速くエネルギーチャージしたいときは、吸収の速い果物や砂糖を。

脳の働きを高める DHA

さばやいわしなどの青魚に含まれる脂質、DHA。脳や網膜の機能向上に役立つといわれている。体内では合成できないので、意識してとりたい。

脳に酸素と栄養を届ける 鉄

貧血で体に酸素がめぐらなくなると、脳が酸欠になりボーッとしてくる。競技への集中力を切らさないためには、鉄を多く含むレバーやあさり、小松菜などをとろう。

体内で最もエネルギーを使うのは脳

脳の重さは体重の約2%といわれています。体重50kgならわずか1kg。その脳が使うエネルギーは全体の約20%。一番エネルギーを使う臓器なのだ。

まとめ

- 集中力アップには脳のエネルギーを絶やさない
- 脳の栄養である炭水化物をとる
- DHAは脳の働きを高める効果がある

24

ウエイトコントロール（減量）にはどんな栄養素が必要？

たんぱく質多め、脂質少なめに栄養バランスを調整

3食きちんと食べながら目標の体をつくっていく

フィギュアなど審美系の要素が影響する競技や、体重によって階級が変わる柔道やレスリング、体脂肪を絞ったほうが有利とされる陸上長距離など、体重を減らしたい女子アスリートは多いでしょう。長く競技を続けられる健康体のまま減量するには、栄養に気を配る必要があります。**どのぐらいの体重、体脂肪率がベストなのかを見極め、やせること自体が目標にならないよう注意しましょう。**

短期間でやせようとしたり、減量の量が多いと、筋肉量の減少が多くなります。心身の負担も多いですから、減量は計画的に行いましょう。

脂質を減らしてたんぱく質を増やす

減量のコツは、**炭水化物、脂質、たんぱく質のうち、カロリーが高い脂質を減らし、その分たんぱく質を増やすこと。**たんぱく質が豊富な肉は脂質も多いですから、ヒレ肉やとり胸肉など、脂身の少ない部位を選ぶよう心がけましょう。

減量中の食事は、エネルギーを減らしても食べるかさは維持するのがコツ。きのこ類や海藻類などかさがあって低カロリーの食品を多くとりましょう。食物繊維の働きで便秘を防ぐこともできます。ダイエット中は微量ミネラルである鉄も不足しがち。意識してとることが大切です。

減量のために必要な栄養素

減量するときは脂質を少なめにして積極的にたんぱく質、食物繊維を多くとること。摂取エネルギーが少なくなり、食事量が減っても満足感を得やすい。

減量中も減らしちゃダメ
たんぱく質

筋肉の材料となるたんぱく質は、減量中もしっかりとりたい。脂質の少ない部位を選んだり、高たんぱく低脂肪の大豆製品などを多めにとること。

量を増やして満足感アップ
食物繊維

きのこ類や海藻類はかさがあって満腹感が得られつつ、低カロリーなダイエット向き食品。食物繊維が多く含まれていて便秘防止にも効果がある。

減量中に不足しがち
鉄

食事量を減らすと、微量ミネラルである鉄が不足しがち。貧血を防ぐために女子アスリートにとって欠かせない栄養素だ。レバーやまぐろで補給しよう。

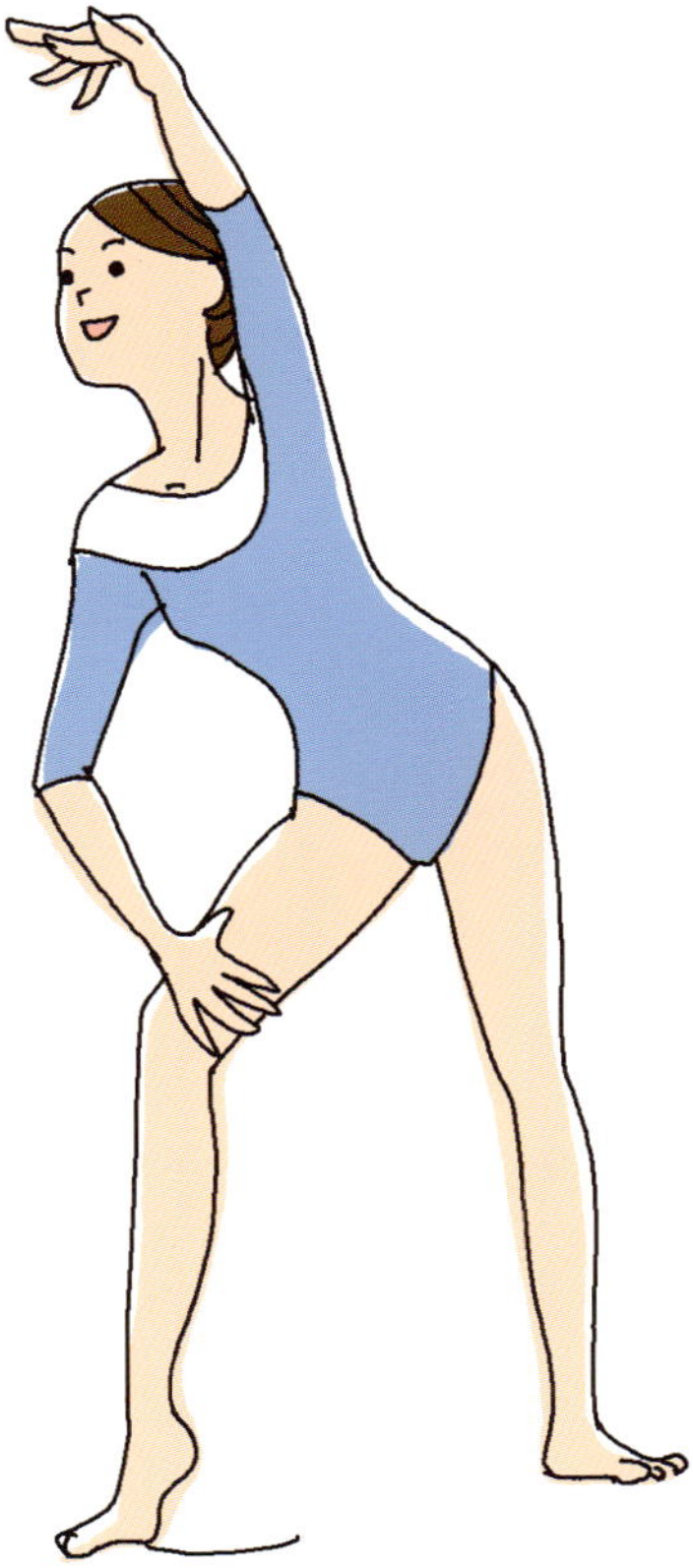

減量時の3大栄養素摂取バランス

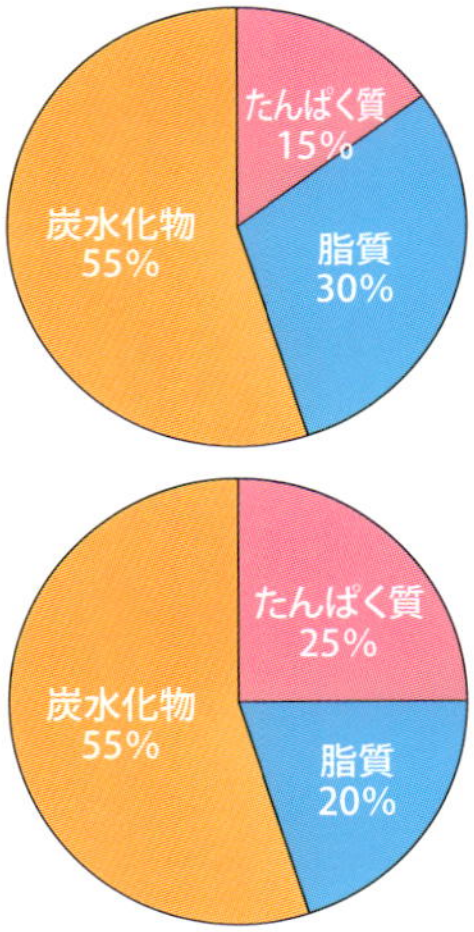

脂質を控えてその分たんぱく質の摂取量を増やそう。「糖質を制限する」「脂質はとらない」など極端な栄養制限は体に不具合が出る。女子アスリートには不適切。

まとめ

- 脂質を減らしてたんぱく質を増やす
- 低カロリーなきのこ類や海藻類を多くとる
- 不足しがちな鉄をしっかり補給する

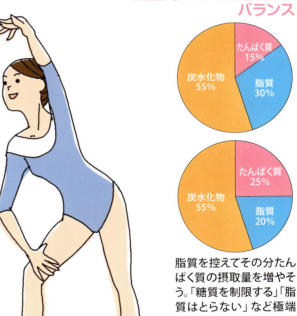

女子アスリート減量のコツ

POINT 1

本当に減量が必要かよく考える

　女子アスリートの減量は、見た目のスリムさではなく、競技にふさわしい体をつくることが目的です。そのためには、どのぐらいの体重や体脂肪率を目指したいのか、あるいは維持したいのかを明確にすること。不必要な減量をしていないかよく考えましょう。

POINT 2

食事は絶対に抜かないこと

　食事を抜いてやせようとすれば、炭水化物やたんぱく質が不足してフラついたり、今ある筋肉が分解される恐れがあります。また、欠食すれば体は「次にいつ食べられるかわからない」と危機感を覚え、ためこみモードに。より太りやすくなってしまうのです。

POINT 3

特定の栄養素をカットしすぎない

　女子アスリートにとって、炭水化物、脂質、たんぱく質の３大栄養素はどれも必須。脂質を減らすことをすすめていますが、完全にカットしては体調を崩します。炭水化物をとらない糖質制限ダイエットも女子アスリートには不向きです。

POINT 4

脂質の少ない肉を積極的に食べる

　女子アスリートの減量は、「食べない」「ガマンする」ではなく、「積極的に何を食べるか」を意識してください。その第一がたんぱく質。とり胸肉や牛や豚のひれ肉など、脂質少なめの肉や、植物性たんぱく質である豆腐や納豆などを食べるようにしましょう。

POINT 5

食物繊維を味方につける

積極的に食べたいもう一つの食品が、食物繊維たっぷりのきのこ類や海藻類です。食物繊維は体に吸収されずに排出されるため、ダイエット中でもたっぷり食べて大丈夫。食事量が減ると便秘しやすいですが、食物繊維をとることで便秘も防ぐことができます。

POINT 6

ビタミン、ミネラルをしっかりとる

いろいろな食品から微量ずつとるミネラルは、食事量が減ることで不足しがち。中でも鉄は女子アスリートにとって大切な栄養素ですから、意識してとりましょう。野菜はビタミンやミネラルが豊富でカロリー低め。普段よりたくさん食べるようにしましょう。

POINT 7

体重の増減に一喜一憂しない

体重は、練習の前後、食事の前後などちょっとしたタイミングの違いで変動します。また、月経周期によっても数キログラムの上下はあるもの。少々の上下は気にせず、1週間、1か月などある程度の期間をかけて増減を見るように心がけましょう。

POINT 8

体調に異変が起きたらすぐダイエットは中断

1章でお伝えしたように、女子アスリートの減量はFATの危険と隣り合わせです。疲れやすい、月経周期がおかしいといった変調に気づいたら、それ以上減量を続けるのは危険。長く競技を続けるために、食事量を増やすか、練習量を減らすことを考えましょう。

25

ウエイトコントロール（増量）にはどんな栄養素が必要？

たんぱく質と炭水化物を筋トレとセットで増やす

食事量とトレーニングをセットで増やす

階級制の競技で上の階級に上げるときなど、増量が必要なこともあります。運動していない子と比べ活動量が多い女子アスリートにとって、消費している以上のエネルギーを摂取するのは大変なこと。アスリートの増量は、お菓子を食べて脂肪をつけるのとは話が違います。お菓子では体脂肪が増えて、けがのリスクが上がるばかり。筋肉をしっかりつけていきましょう。

筋肉を増やすには、食事量を増やすだけではダメ。**食事の増量と筋力トレーニングをセットにして増量計画を立てていきます。**

3食＋補食で3大栄養素の摂取量を増量

筋肉を増やすのに必要なのはたんぱく質と炭水化物です。減量するときにもたんぱく質が重要ですが、増量するときもたんぱく質をたっぷりとる必要があります。女子アスリートは男子に比べ小食ですし、成長期のうちは消化器官が十分に発達しておらず、たくさん食べられないこともあります。3食以外に補食の回数を増やしたり、MCTオイルなどで摂取エネルギーを増やす工夫も取り入れてみましょう。**炭水化物、脂質、たんぱく質の3大栄養素をバランスよく増やし、トレーニングを強化することで、少しずつ増量できるのです。**

増量のために必要な栄養素

女子アスリートの増量は、筋肉と骨を増やすことが肝心。そのためには３大栄養素の摂取量を増やし、同時にトレーニング量も増やすことが必要だ。

筋肉を増やすのに必須
たんぱく質

女子アスリートの増量は、脂肪よりも筋肉を増やすことが目的。そのためには、たんぱく質源である肉、魚、卵、豆、乳製品を毎食たっぷり食べよう。

トレーニングのエネルギー源
炭水化物

炭水化物が足りないと、エネルギー切れになり満足なトレーニングができなくなってしまう。ごはんやパン、麺類を普段以上にとることが大切。

高カロリーなエネルギー源
脂質

小食な人や、食べてもなかなか太れない人は、脂質を活用。蒸すより揚げるなど油を使った調理法に切り変えたりMCTオイルを料理にかけてみて。

補食を活用して食事量を増やす

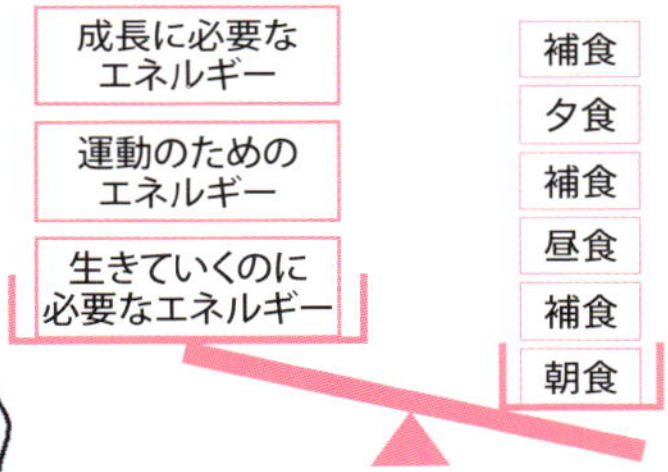

３食だけで増量に必要なエネルギーを摂取するのは難しい。成長期であればなおさら、食べても、食べても体重が増えないことも。補食を使って食事回数を増やそう。

まとめ

- ３大栄養素をバランスよく増やす
- 食事量だけでなくトレーニングも強化する
- ３食＋補食で食事回数を増やす

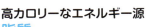

26

身長を高くするには何に気をつければいい？

成長スパートを迎える前から運動＋栄養＋休息を十分に

女子は9～13歳の4年間が背を伸ばす大チャンス

身長は遺伝的な要素が大きいので、両親の身長によって決まってきます。しかし、同じ両親から生まれた兄弟、姉妹でも背の高さが違うように、遺伝は身長を決める決定的な要素ではありません。

女子は平均11歳、男子は平均13歳に、最も身長が伸びる成長ピークを迎えます。女子の場合、この1年間に平均8～9センチも身長が伸びるのです。ピークの前後2年間の時期を「成長スパート」といい、**この成長スパートを迎える前、そして成長スパートを迎えてからをどう過ごすかで、身長の高さが決まってきます。**

3か月に一度身長を測り成長スパートをチェックする

身長を伸ばすには、成長スパートの時期に運動、栄養、休息を十分にとることが大切です。この時期にダイエットを気にしすぎて栄養不足になったり、本ばかり読んで運動不足だったり、あるいは朝練や塾で忙しすぎて睡眠が足りなかったりすれば、十分に身長を伸ばすことはできません。

成長スパートを見逃さないためには、まめに身長を測ることが大切。3か月に一度ずつ測定し、成長曲線がグッと上向きになるタイミングをチェック。意識して「よく食べ、よく眠り、よく運動する」生活を心がけましょう。

背を伸ばすには成長スパートを見逃さない

大学生になってから「背を伸ばしたい」と思っても難しいのが現実。どのぐらいの身長を手に入れられるかは、成長スパートの時期にかかっている。

身長の伸びの変化

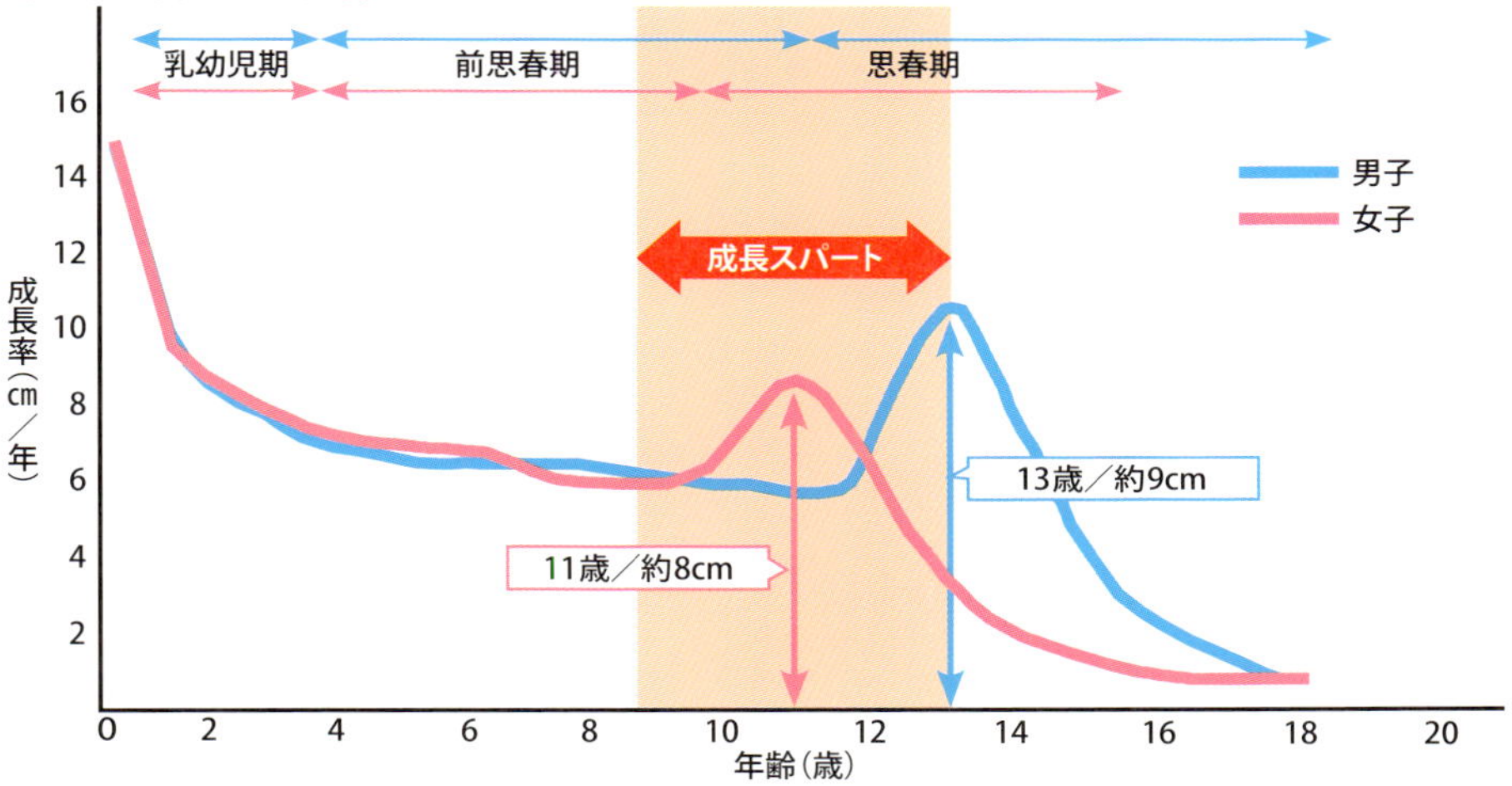

※思春期の成長スパートは、開始年齢が人により４～５歳異なります。

参考：平成12年乳幼児身体発育調査報告書（厚生労働省）、および平成12年度学校保健統計調査報告書（文部科学省）
出典：女性スポーツ研究センター『スラリちゃん、Height!』パンフレット

成長スパートの時期にとりたい栄養素

カルシウム
身長を伸ばす＝骨を伸ばすこと。牛乳などカルシウム豊富な食品をとろう。

ビタミンD
ビタミンDにはカルシウムの吸収を助ける働きが。魚介類に多く含まれている。

たんぱく質
筋肉や骨をつくる材料になる。肉、魚、豆、卵、乳製品をバランスよくとること。

亜鉛
細胞分裂に働くことから、成長期には必須の栄養素。レバーやかきに多く含まれる。

まとめ
- 背が伸びる大チャンスは成長スパートの4年間
- 成長スパートに栄養、運動、睡眠をよくとる
- まめに身長を測り成長スパートを見逃さない

27

いい睡眠のための食事術とは？

朝食にたんぱく質をとる＆寝る前2時間は食べない

女子アスリートは8～10時間寝るのが理想

女子アスリートがパフォーマンスを上げるには、質のいい睡眠が必要です。**睡眠時間は最低でも7時間、中高生なら8～10時間はほしいところ。**また、長さ以上に大事にしたいのが睡眠の質です。というのも、筋肉量アップや疲労回復に働く成長ホルモンは、深く眠ったときに分泌されるからです。私たちは、深い眠りのノンレム睡眠と浅い眠りのレム睡眠を交互に繰り返しています。そのうち最も深いノンレム睡眠に入るのは寝入ってすぐ。このときいかに深く眠れるかが、成長ホルモン分泌のカギなのです。

朝たんぱく質をとると夜ぐっすり眠れる

深く眠るには朝食をしっかり食べることが肝心です。というのも朝食にたんぱく質をとると、**アミノ酸の一種であるトリプトファンが働き、日中にセロトニンやメラトニンといった眠気を引き起こすホルモンが分泌されるから。**そのおかげで、夜ぐっすり眠ることができるのです。

また、食べてすぐ眠ると、寝ている間に胃腸が動くため、睡眠が浅くなりがちです。夕食は寝る2時間前に済ませたいところ。どうしても遅くなる場合は、おかゆやスープなど、胃腸への負担が軽いものにするといいでしょう。

いい睡眠のためにできること

睡眠は「長く」より「深く」寝ることが大切。筋肉をつくり疲労を回復する成長ホルモンは、眠りが深くなったときに分泌されるからだ。

いい睡眠のためにできること

POINT 1

朝たんぱく質をとる

朝、たんぱく質をとると、夜眠くなるホルモンが分泌されやすくなる。朝食にハムや焼きざけなど、主菜をきちんと食べる習慣をつけること。

POINT 2

寝る直前に食べない

胃腸が動いていると、深い睡眠の邪魔になる。夕食は入眠の２時間前に済ませたい。やむをえず直前に食べるならスープなど軽いものを。

POINT 3

カフェインを控える

覚醒作用があるので、眠りにつきにくくなる。コーヒー、緑茶、紅茶などカフェインが強いドリンクは15時以降はやめておこう。

POINT 4

寝る2時間前に湯船につかる

深部体温が下がると眠くなるのが人の睡眠メカニズム。湯船で温まっておくと、その２時間後にグッと深部体温が下がりやすくなる。

POINT 5

寝る前にスマホをいじらない

スマホのブルーライトが目から入ると、脳が昼間と勘違いして覚醒してしまう。いい眠りのためには、ベッドにスマホを持ち込むのはやめよう。

POINT 6

朝日を浴びる

朝、目覚めてから14〜15時間後に眠くなるのが体の仕組み。朝日を浴びないと、その仕組みが上手に働かないためいつまでも眠くならない。

まとめ

- 女子アスリートは8時間以上寝るのが理想
- 深く眠る睡眠の質にもこだわる
- 朝たんぱく質を食べ、寝る前2時間は食べない

28

女子アスリートがトレーニング前後に食べたい補食は？

練習前はあんまん、練習後は肉まんと覚えよう

食事と練習の時間があくなら補食で栄養補給する

食事からトレーニングまで時間があいたときは、練習前に補食で栄養補給するべきです。というのも空腹のまま運動すれば、エネルギー不足で筋肉が分解されてしまうから。また、**トレーニングでエネルギーを使い筋肉に負荷をかけたら、回復するためにも栄養が必要です。**練習後も補食を入れてあげましょう。

もちろん、無理に捕食をとる必要はありません。練習前後に食事がすぐとれるなら、食事で栄養補給すればいいのです。時間があく場合は、補食を上手に活用しましょう。

練習前は糖質を、練習後は糖質＋たんぱく質をとる

練習前の補食でとりたいのは、**すぐにエネルギーに変わってくれるおにぎりやバナナなどの炭水化物（糖質）です。**食べてすぐ動くと気持ち悪くなるなら、果汁１００％のジュースがいいでしょう。

練習後は、エネルギー補給の糖質のほか、**傷ついた筋肉を回復させるためのたんぱく質もとります。**摂取するタイミングは、練習後30分以内。練習前はあんまん（糖質）、練習後は肉まん（糖質＋たんぱく質）と覚えるとわかりやすいでしょう。ちなみに脂質は消化に時間がかかるので補食には不向き。揚げものやマヨネーズは避けましょう。

補食に食べたいメニュー

練習前には炭水化物（糖質）を、練習後は炭水化物（糖質）＋たんぱく質をとることで、エネルギー切れにならずに練習でき、筋力をつけていける。

〈練習前〉

炭水化物（糖質）を含む補食例

・おにぎり　・サンドイッチ
・あんまん　・バナナ
・果汁100%ジュースなど

消化しやすく、消化に時間がかからないものがいい。果物はビタミンやミネラルも同時にとれる。

〈練習後〉

炭水化物＋たんぱく質を含む補食例

・パン＋牛乳
・チーズパン　・肉まん
・鮭おにぎりなど

疲労回復や筋力アップのために補給する。いきなり固形物はとりにくいという人は、牛乳やヨーグルトからとろう。

NG

補食には避けたい食品

・からあげ　・カップ麺
・デニッシュなど
　バターの多いパン

脂質は消化に時間がかかるので、練習前後には避けたほうがいい。脂質は補食でなく食事でとること。

まとめ

●練習前は糖質、練習後は糖質＋たんぱく質をとる
●練習後の補食は30分以内にとること
●脂質は消化に時間がかかるので補食にはNG

29

試合の日に力を発揮するための食事法をマスターしよう

エネルギーを最大限ためるグリコーゲンローディング

試合の日にグリコーゲンが満タンになるよう調整する

エネルギー源であるグリコーゲンは、体の中に一定量までしかためられません。特に長距離走など持久系のスポーツでは、グリコーゲンの貯蔵量が後半の粘り強さに直結し、勝負を分けることがあります。男子よりも貯蔵量が少ない女子アスリート。**グリコーゲンを最大限ためられる食事法「グリコーゲンローディング」を知っておきましょう。**

かつては、体の中のグリコーゲンを枯渇させてから一気にためる方法が主流でしたが、リスクが大きいことから新たなグリコーゲンローディングが用いられています。

炭水化物多め、脂質少なめたんぱく質変わらず

試合の1週間前から少しずつ練習量を減らして、グリコーゲンの消費を抑えます。試合3日前になったら、炭水化物（糖質）を増やします。その分、脂質を減らしましょう。**「糖質多め、脂質少なめ、たんぱく質変わらず」が試合前の食事の基本。**試合の後もダメージから回復するまでの2～3日も、同じ栄養バランスの食事をします。グリコーゲンを蓄える際、水もいっしょに蓄えるため、体重が増加する可能性があります。本番前にシミュレーションして、パフォーマンスへの影響を確認。自分なりの方法を見極めておくことも大事です。

グリコーゲンローディングのやり方

グリコーゲンの貯蔵量を最大限まで増やす食事法。試合の１週間前から練習量を調整し、3日前から栄養摂取バランスを調整する。

試合前後の三大栄養素の摂取バランス

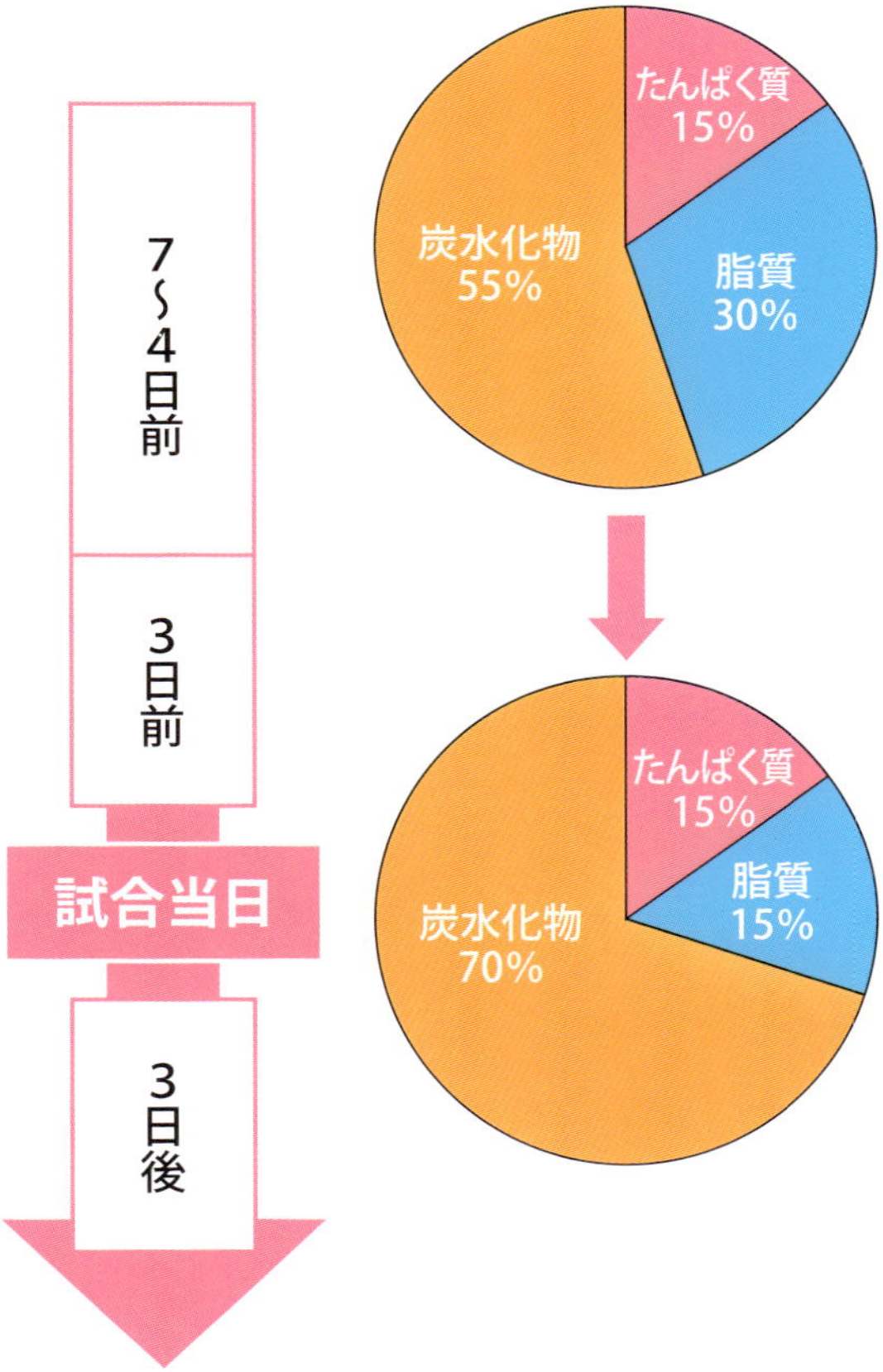

食事は普段どおりで練習量を減らす

試合の１週間前から、練習量を徐々に減らしていくことで、グリコーゲンの消費量を抑える。食事は普段どおりにとる。

糖質を増やし脂質を減らす

練習量をさらに減らし、ごはんやパン、いも類、果物など糖質をたくさん食べる。その分、脂質を減らしていく。

まとめ

- 試合に向けグリコーゲンを最大限ためる
- 試合3日前になったら、糖質多め、脂質少なめ、たんぱく質変わらずの栄養バランスに切り替える

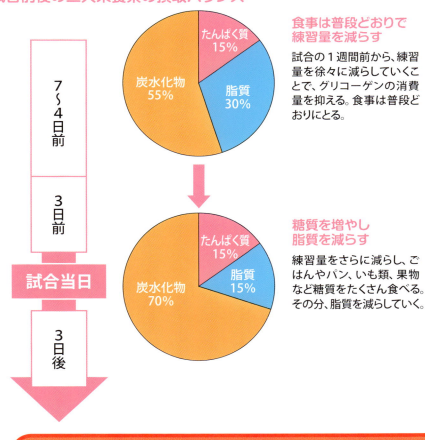

30

試合の前日はどんな食事をすればいい?

刺激の強いものは食べず消化のいいものを選ぼう

ガスがたまる食品や刺激物は避ける

試合の前日から当日は、ドキドキ胸が高鳴ります。緊張から食べられなくなる女子アスリートも多いですが、それでは動けません。食べるのも試合のうちと心得ましょう。

前日にやめたほうがいいのは、**いも類やきのこ類など食物繊維豊富な食品。おなかにガスがたまると不快感を覚える恐れがあります。**また、揚げものは消化が悪く胃もたれの危険があります。脂っこいものや辛いもの、香辛料の強いものも避けたほうがいいでしょう。また夏場は、生ものも厳禁。衛生面は特に重視します。

消化のいいものをよくかんで食べること

試合前に力をつけようと食べ慣れないものを食べたり、ドカ食いするのは危険。ごはんやうどん、果物などいつも食べている消化のいいものをとります。消化がスムーズになるよう、よくかんで食べましょう。緊張で食べにくければ、うどんをよく煮込むなど、軟らかく食べやすくする工夫をしてみましょう。**グリコーゲンローディングをしているなら、糖質を多め、脂質控えめに。**それ以外は普段どおりの食事をするのが一番。前日の夕食は、寝る2~3時間前までに済ませて、深く質のいい睡眠をとるようにしましょう。

試合の前日に食べていいもの・悪いもの

試合の前日に食べ慣れないものや刺激の強いものを食べると、体調を崩す危険がある。食べ慣れた消化のいいものを食べよう。

NG

食べてはダメなもの

- 生もの
- 揚げもの
- こってりした料理
- いも類やきのこ類など食物繊維の多い食品
- 辛いものや刺激の強いもの
- 食べ慣れていないもの

食べていいもの

- 食べ慣れているもの
- 普段どおりの食事
（グリコーゲンローディングをしているなら糖質多め、脂質控えめの食事）

前日の注意点

- よくかんで食べること。
- 食欲がわかなければよく煮込んだうどんなど、食べやすいものを。
- 夕食は寝る２～３時間前までに済ませる。

まとめ

- 前日は特別なものを食べず、普段どおりの食事を
- よくかんで消化をスムーズに
- 夕食は寝る2~3時間前までに済ませておく

31

試合当日、エネルギー満タンで競技にのぞむ食事法がある

試合時間から逆算。3〜4時間前に食事を済ませ、補食でコントロール

エネルギーは満タン、胃はスッキリを目指す

食べなければエネルギー切れになりますし、食べた直後は思うように動けません。**体のエネルギーは満タンだけど、胃はスッキリというのが、試合にのぞむベストの栄養戦略。**競技開始の時間から逆算して計画を立てていきましょう。

ポイントは3段階で栄養を摂取すること。まずは試合の3〜4時間前に食事をします。これは通常の食事です。うどんやおにぎりなど消化のいい、炭水化物中心のメニューがおすすめです。次に試合の1時間前までに、糖質を追加投入します。バナナやエネルギーゼリーなどがいいでしょう。

1時間前、30分前、競技中 計画的に栄養と水分を補給する

1時間を切ったらもう固形物は避けます。30分前にスポーツドリンクで再度、エネルギーと水分を補給。このときガブ飲みは厳禁。200〜400ミリリットルを少しずつ飲むようにしましょう。**競技時間が長ければ、試合中もスポーツドリンクで栄養&水分補給。必要であればハーフタイムにエネルギーゼリーをとってもいいでしょう。**

試合が終わったら、競技によるダメージから早く回復するために30分以内に糖質とたんぱく質を組み合わせた補食、あるいは次の食事をとるようにします。

試合当日の栄養補給タイムスケジュール

最後まで粘れる女子アスリートになれるかは、エネルギー摂取の計画にかかっている。３時間前から段階的にエネルギーをとっていこう。

14時試合開始の場合

7:00	朝食	おにぎり、うどんなど糖質中心で消化のいいメニューをとる。
11:00		おにぎりや蒸しパンなど消化のいい糖質の軽食を、試合の３時間前までにとる。
13:00		バナナやエネルギーゼリーなど、糖質を補給できる補食を試合の１時間前までにとる。
13:30		糖質やミネラルの入ったスポーツドリンクを、試合の30分前にとる。
14:00	試合	試合中もスポーツドリンクやエネルギーゼリーで水分と栄養を補給。
16:00	試合終了	試合後30分以内に炭水化物とたんぱく質でエネルギーを補給。

10時試合開始の場合

7:00	朝食	おにぎり、うどんなど糖質中心で消化のいいメニューを、試合の３～４時間前までにとる。
9:00		バナナやエネルギーゼリーなど、糖質を補給できる補食を試合の１時間前までにとる。
9:30		糖質やミネラルの入ったスポーツドリンクを、試合の30分前にとる。
10:00	試合	試合中もスポーツドリンクやエネルギーゼリーで水分と栄養を補給。
12:00	試合終了	試合後30分以内に昼食をとる。

※午後にもう１試合ある場合は、次の試合が14時開始なら補食でつなぐ、16時開始ならしっかり昼食をとるなど、試合開始の時刻に応じて栄養補充の計画を立てる。

まとめ

- 当日は糖質をどれだけ効率よくとれるかがカギ
- 競技開始の3時間前に食事、1時間前に軽食、30分前にスポーツドリンクで糖質をとる

32

けがで運動できない！　故障中の食事は何に気をつける？

運動量が減る分、食事量を調整。ただし栄養の密度は落とさない

故障中、短期間に太るなら利用可能エネルギー不足かも

故障したときに、○○を食べればけがが治るという都合のいい食品や栄養素はありません。まずは医療機関を受診し医師の指示に従うこと。そして、3食栄養バランスよく食べることは普段と同じです。ただし、運動量が減る分、太ってしまうことも。

ここで注意が必要。日ごろの運動量と故障中の運動量の差、食事量、故障期間などによりますが、故障中に太るようなら、食事量をコントロールしましょう。**故障中、短期間に太るなら日ごろの食事量が少なすぎて、利用可能エネルギー不足に陥《おちい》っている可能性があります。**

たんぱく質とカルシウムが不足しないよう摂取する

利用可能なエネルギーが不足していると、少ないエネルギーで動ける省エネな体になります。**運動量が減ってもすでに減食しているので、食事量は減らせません。この状態で運動量が減ると一気に太る恐れがあるのです。**故障中、短期間に太るなら、省エネな体を改善することを考えましょう。

そのうえで、けがを治すのに欠かすことのできない栄養素は、筋肉や骨、じん帯を形成するコラーゲンの材料となるたんぱく質です。骨をつくるカルシウムやカルシウムの吸収を助けるビタミンCもとるよう心がけましょう。

故障中の食事で注意すること

食事量が少ないのに、故障して短期間で太るなら、利用可能エネルギー不足を疑おう。故障中は回復に必要な栄養素を不足させないことも大切だ。

短期間に体重が増えるなら、省エネな体かも

普段

エネルギー摂取量
最大限食べて得られる
エネルギー　2500キロカロリー
省エネ分　500キロカロリー

エネルギー消費量
2500キロカロリー（と思っているが、実は3000キロカロリー分動いている）

故障中

エネルギー摂取量
最大限食べて得られる
エネルギー　2500キロカロリー
省エネ分　500キロカロリー

エネルギー消費量
運動によるエネルギー消費量500キロカロリーが減ったので2500キロカロリー

普段、2500キロカロリー摂取していれば、消費カロリーも2500キロカロリーと考えるだろう。ところが省エネな体だと、実は3000キロカロリー分、活動できている場合がある。すでにギリギリの食事量はこれ以上減らせず、省エネな体はそのまま。運動量も減るため短期間に太る恐れがある。

故障中に不足させたくない栄養素

たんぱく質
筋肉や骨、コラーゲンを形成する。故障からの回復に必須。肉、魚、豆、卵、乳製品に多い。

ビタミンB6
かつおやさばに多く含まれている。たんぱく質の吸収効率を高めるので、いっしょにとりたい。

カルシウム
骨の材料になるので、骨折したときには必須。牛乳や小魚、ブロッコリーなどを積極的に食べること。

ビタミンC
カルシウムの吸収やコラーゲンの形成に使われる。野菜や柑橘類などの果物に多く含まれている。

まとめ
- 補食を減らすなどしてエネルギーは抑える
- 短期間で太るなら、省エネモードの可能性も
- たんぱく質、カルシウムを不足させない

コラム

サプリメントはとったほうがいいの?

中高生のジュニア期には不要。それ以降は目的に合えば活用を

ビタミンやプロテインなど、一つの栄養素を効率よくとれるサプリメント。あくまでも、食事でとりきれない栄養素や、不足しがちな栄養素の摂取を補助するものという考え方が基本です。「サプリでとるから、食事でとらなくていい」と思わないでください。栄養素は1種類だけとっても体の中で働けません。

食事であれば自然と微量栄養素など複数の栄養素も摂取可能。食事のほうが、栄養バランスは整いやすいのです。ジュニア期である小中高生のうちは、試合の日に補食としてエネルギーゼリーをとるといった使い方なら問題ありませんが、日常的にサプリメントをとることはやめたほうがいいでしょう。サプリメントをとらなくては追いつけないほど運動量が多いなら、運動と栄養のバランスが崩れています。3食＋補食のエネルギーで動けるだけの運動量に抑えましょう。

大学生以降であれば、鉄分やプロテインなど、不足しがちな栄養素をサプリメントで足すのもひとつの手。ただし時折「プロテインとアミノ酸をとって、肉のたんぱく質も補充」と名前の違う同じ栄養素をとっている人を見かけます。どのサプリメントを何のためにとるのかをよく理解したうえで、用法用量を守って摂取するようにしましょう。

第3章 栄養の基礎知識

女子アスリートにとって
欠かせない5大栄養素。
それぞれどんな特徴があり、
体の中でどう働くのか、
基本を押さえておきましょう。

女子アスリートがとりたい栄養素とは？

33 健康な体でしっかり動くには5大栄養素が欠かせない

栄養素は組み合わせてとらないと、上手に働かない

栄養素のうち、私たちの体の働きに欠かせない5つの栄養素を5大栄養素と呼んでいます。雑誌やテレビには「筋肉をつけるには○○を食べる」「△△を食べると背が伸びる」などさまざまな情報があふれていますが、単品で体の機能を上げる食べ物も栄養素も存在しません。筋肉をつけるのに役立つたんぱく質もビタミンがなくては吸収できないというように、それぞれの栄養素は助け合って体の中で働いているからです。また、豚肉にたんぱく質もビタミンも含まれるというように、多くの食べ物が複数の栄養素を含んでいます。

「糖質制限」「脂質カット」は女子アスリートには不向き

減量したい女子アスリートの中には、「糖質を制限すればやせる」「脂質カットでやせる」などのダイエットを試したい人もいるでしょう。**しかし5大栄養素の一つを断てば、必ず不具合が起きます。**脂質を控えてたんぱく質を増やすというようにつくりたい体に合わせてバランスを変えるのは構いませんが、極端に減らしたり一切とらなくなるのは厳禁です。

競技にふさわしい体をつくるにはどんな食事をとればいいのかを考えるためにも、5大栄養素の働きを知っておきましょう。

5大栄養素の役割

女子アスリートが競技で力を発揮するためには、5大栄養素が必要。どの栄養素がどんな働きをしているのか、知っておこう。

エネルギー源になる

体を動かしたり生きていくためのエネルギー源になる。

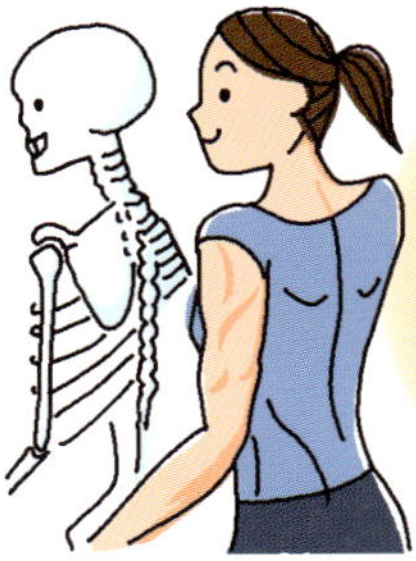

筋肉や骨をつくる

筋肉や骨、血液など体を構成する材料になる。

体の調子を整える

栄養素を体に吸収させたり、循環をスムーズにしたりする。

炭水化物（糖質）

・ごはん　・パン
・麺類　・果物
・いも　など

脂質

・油　・バター
・マヨネーズ　など

たんぱく質

・肉　・魚
・卵　・豆腐
・牛乳　など

ミネラル

・牛乳　・海藻
・小魚など

ビタミン

・野菜　・果物
・いも　・きのこ　など

水分

まとめ

- ●体を動かしていくには5大栄養素が必要
- ●どれかが欠けると体の機能は落ちる
- ●栄養素が体で果たす役割を知っておく

34

糖質の役割と上手なとり方を知ろう

消化時間に差のある糖質をとり エネルギー切れから体を守る

糖質が足りないと筋肉が分解されてしまう

炭水化物には糖質と食物繊維が含まれます。食物繊維は栄養素として体に吸収されないため、炭水化物のうちエネルギーになるのは糖質の部分です。**糖質は車でいうならガソリン。補給を怠るとあっけなくガス欠になってしまいます。**しかし人間は車と違って、ガス欠になると蓄えていた脂肪をエネルギー源として使うことができます。糖質を控えれば脂肪が減るというのが糖質制限ダイエットの考え方ですが、女子アスリートにとっては危険。体は糖質が不足すれば脂肪だけでなく筋肉も分解してエネルギー源にしてしまうからです。

糖質は種類によって消化時間が変わる

貴重な筋肉を減らさないためには、糖質不足によるエネルギー切れを起こしてはいけません。糖質は果物やごはんなどさまざまなものに含まれていて、性質によって消化の時間が異なります。性質の違う糖質を組み合わせて食べれば、食べた直後から数時間後まで、長時間にわたって体をエネルギー不足から守ってくれます。**糖質をエネルギーに変えるにはビタミンB_1が必要であることも覚えておきましょう。**また、脳の栄養として優れているのも糖質の特徴。集中力や素早い判断力をキープするのにも、糖質は必須なのです。

炭水化物（糖質）の特徴と上手なとり方

体を動かすエネルギー源である糖質。エネルギー切れにならないためには、ビタミンB_1といっしょにとること、消化時間の違う糖質をとることがカギだ。

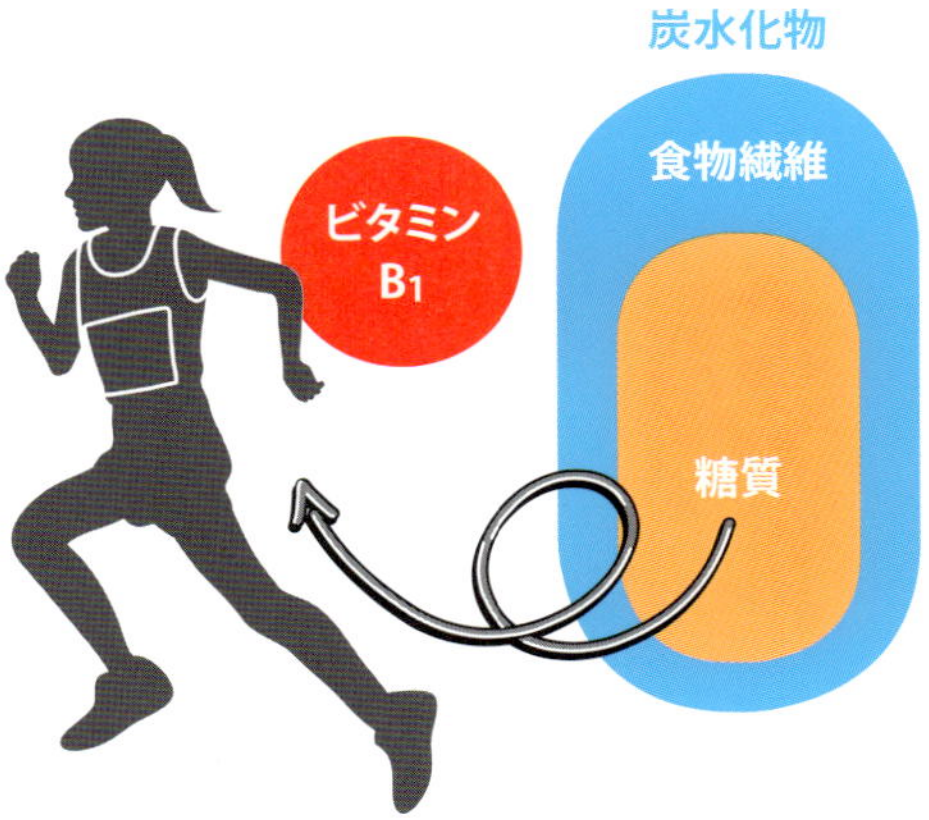

ビタミンB_1と合体してエネルギーに変わる

炭水化物から食物繊維を引いたものが糖質で、ごはんや麺類などの主食、いも類、果物、砂糖などに多く含まれる。体内でエネルギーに変換するには、豚肉や大豆に多いビタミンB_1が必要。

速い　←　消化速度　→　遅い

分類	単糖類	少糖類	多糖類
主な種類	ブドウ糖、果糖など	しょ糖	でんぷんなど
多く含まれる食品	果物、はちみつなど	砂糖	穀類、いも類など

性質によって分解スピードが異なる

分子が多く集まったでんぷんなどの多糖類は、分解しながら消化されるので吸収まで時間がかかる。最初から分子が１つの単糖類はすぐ吸収され、エネルギーに変わってくれる。

まとめ

- ●炭水化物は糖質と食物繊維で構成される
- ●糖質をエネルギーにするにはビタミンB_1が必要
- ●糖質を組み合わせて食べてエネルギー切れを防止

35

良質な脂質をチョイスして ツヤツヤ輝く女子アスリートに

脂質の役割と上手なとり方を知ろう

脂質は悪者じゃない！ ツヤツヤ女子に必須の栄養素

脂質はおデブの元であるイメージが強いため、敬遠したほうがいいと思っている人も多いのではないでしょうか。**脂質も大切なエネルギー源。**体の中でつくり出せない必須《ひっす》脂肪酸《しぼうさん》は食べて摂取する必要がありますし、**細胞膜や筋膜を構成する、寒さから体を守る、ホルモンをつくるなどさまざまな働きがあります。**

そのため、「肉も湯通しして油を落とす」など極端な脂質カット生活を続けるのは危険。粘膜が弱くなるためかぜをひきやすく、骨膜炎《こつまくえん》や筋膜炎《きんまくえん》などの故障が多くなります。

良質な脂質、悪質な脂質を知っておこう

脂質には、積極的にとりたい良質な脂質と体に悪い影響をもたらす避けたい脂質があります。**良質な脂質とは、青魚に含まれるＥＰＡやＤＨＡ、アマニ油やえごま油に含まれるα-リノレン酸です。**これらの脂質には、血液をサラサラにする、脳の機能を活性化する、体を温めて基礎代謝を上げるといった働きがあります。反対に避けたい脂質の代表が、マーガリンやショートニングに含まれるトランス脂肪酸です。トランス脂肪酸はアレルギーや生活習慣病を引き起こすといわれていて、体への悪影響は甚大《じんだい》。食べすぎは厳禁です。

とりたい脂質、避けたい脂質をチェック

脂質は1グラムにつき9キロカロリーと、炭水化物やたんぱく質と比べて高カロリー。とりすぎないこと、体に悪い脂質を避け良質な脂質を選ぶことが大切だ。

○ EPA・DHA

「魚を食べると頭がよくなる」といわれるように、青魚に含まれるEPA（エイコサペンタエン酸）、DHA（ドコサヘキサエン酸）は、脳の機能を活性化する働きがある。

○ α-リノレン酸

アマニ油やえごま油など。血液をサラサラにして血栓や高血圧を防ぐ効果がある。熱に弱いため、ドレッシングに混ぜたりヨーグルトにかけてとりたい。

○ ラウリン酸

MCTオイルやココナッツオイルなど。消化、吸収が速くエネルギーになりやすく脂肪として体につきにくい。食の細い女子アスリートのエネルギー補給をサポート。

× 酸化した脂質

酸化した油を多くとっていると体の細胞も酸化。老化スピードが速まる。使い回しの揚げ油を使った料理や、時間がたった揚げものは避けること。

× トランス脂肪酸

マーガリンやショートニングに含まれる。アレルギーや生活習慣病を引き起こす原因になるとされており、WHO（世界保健機構）もとりすぎないよう提唱している。

△ リノール酸

コーン油、ごま油など。スナック菓子やドレッシングなどにも多く使われている。体の中でつくり出せない必須脂肪酸ではあるもの、とりすぎの傾向があるので控えたい。

まとめ

- 脂質も必要。カットすればいいわけじゃない
- 体の働きをよくする脂質と、悪影響をもたらす脂質があることを知る

36

たんぱく質の役割と上手なとり方を知ろう

多品目のたんぱく質をとって必須アミノ酸をコンプリート

女子アスリートは体重×1・2〜2グラムを摂取

たんぱく質は筋肉だけではなく、内臓や血管、髪の毛、皮膚など体のあらゆるものの材料になります。ツヤ髪や美肌にもたんぱく質は必須。**一般女性の場合、摂取量の目安は体重×1グラムですが、女子アスリートなら×1・2〜2グラムはとりたいです。**体重50キログラムなら一日に60〜100グラムになる計算。お肉10グラム＝たんぱく質10グラムではありません。食品に含まれているたんぱく質量はそれぞれ異なりますが、牛ヒレ肉など脂身の少ない肉100グラムにつきたんぱく質約20グラムを目安と考えるといいでしょう。

必須アミノ酸9種を全制覇する

たんぱく質は体内で分解されるとペプチドを経てアミノ酸になります。アミノ酸は20種類あり、そのうち9種類は体の中でつくることができません。**この9種類を必須アミノ酸といい、9種類のうち1つでも欠けたり量が少なかったりすれば、たんぱく質として働けないという性質があります。**

たんぱく質が多く含まれている食べ物は肉、魚、卵、乳製品、大豆製品。肉ばかり食べる、たんぱく質摂取は豆腐に頼るなど偏《かたよ》ったたんぱく質のとり方をせず、多品目食べることで必須アミノ酸をバランスよくとることができます。

たんぱく質をしっかりとるコツ

たんぱく質は必要量を不足しないよう、また、必須アミノ酸9種類をまんべんなくとれるよう、さまざまな種類を食べることが必要だ。

必須アミノ酸9種類

トリプトファン
リシン
メチオニン
フェニルアラニン
トレオニン
バリン
ロイシン
イソロイシン
ヒスチジン

名前は覚えなくても構わないが、必須アミノ酸が9種類あること、どれも欠かせないことは知っておこう。

女子アスリートに必要なたんぱく質量

一般女性の場合、体重×１グラムといわれるが、たんぱく質をたくさん必要とする女子アスリートは体重×1.2～２グラムとりたいところ。体重50キログラムの人なら１日の目安摂取量は60グラムになる。

体重50kg ×1.2～2g＝60～100g

10代の女子アスリートは、さらに10％多く摂取することが推奨されている。（体重50kg ×1.2×1.1＝66g）

主なたんぱく質食品の含有量（100グラムあたり）

肉	魚	乳製品	大豆製品	卵
牛モモ肉 21.3g 豚モモ肉 20.5g とりムネ肉 19.5g	まぐろ赤身 26.4g かつお 25.8g 鮭 22.5g	牛乳（1本200ml） 6.6g チーズ（15g） 3.0g プレーンヨーグルト 3.6g	調整豆乳（1本200ml） 6.6g 納豆（40g） 6.0g 木綿豆腐 7.0g	鶏卵（1個60g） 7.4g

まとめ

- たんぱく質は体のあらゆるものをつくるのに必要
- 一日あたり体重×1.2～2グラムとる
- さまざまな種類を食べ必須アミノ酸を制覇する

37

女子が不足しがちなカルシウムと鉄を中心に毎日コツとる

ミネラルの役割と上手なとり方を知ろう

ミネラルのうち最も必要量が多いカルシウム

ミネラルは骨などの組織や、体液中の電解質などとして重要な役割を担っています。土や水のほか、土の成分を吸い上げて育った植物や、その植物を食べた動物に含まれています。**ミネラルのうち体に必要なのは16種類。そのうち女子アスリートが積極的にとりたいのがカルシウムと鉄です。**カルシウムはミネラルの中でも必要量が最も多く、年代によりますが1日700~950ミリグラムはとりたいところ。牛乳100グラムのカルシウム含有量は110ミリグラムですから、とりきれていない人も多いのではないでしょうか。

月経と汗で失いがちな鉄を意識してとる

また、1章でも述べたように、月経や汗によって鉄を失う女子アスリートは鉄が不足しがち。体への吸収率が悪いこともあり、意識してとる必要があります。**ほかの14種類のミネラルは、3食きちんと食べていれば不足を心配することはありません。**ただしインスタント食品ばかり食べるなど食生活が偏ると、一気に不足してしまいます。ミネラルはほかのミネラルと助け合って体の中で働くので、どれかが不足すると別のミネラルも働けなくなるのも困りもの。体の調子を守るために、バランスよく食べることが大切です。

ミネラルの種類と働き

体に必要なミネラルは全部で16種類。必要量が少ないものも、不足すると体調不良を引き起こす。どれも女子アスリートの体には欠かせない。

一日の必要量が100ミリグラム未満の微量ミネラル

鉄

血液中のヘモグロビンをつくる。貧血防止に必須。レバー、ほうれんそうなどに多く含まれる。

亜鉛

正常な味覚や皮膚の健康を維持する。女性ホルモンの分泌にも必要。レバーなど。

ヨウ素

甲状腺ホルモンをつくる材料。特に成長期には欠かせないミネラル。昆布に豊富。

マンガン

糖質や脂質をエネルギーに変換するのに働く。骨の形成にも関与。実種や穀類など。

一日100ミリグラム以上必要な多量ミネラル

カルシウム

骨や歯の材料になり、気持ちを落ち着かせるなど精神安定にも必要。牛乳や小魚に多い。

ナトリウム

カリウムと助け合って体内の水分量を調整する。塩、だし、梅干しなど。

カリウム

血液量や血圧をコントロールする働きがある。昆布、ほうれんそう、バナナなど。

マグネシウム

骨をつくるのに働く。筋肉や血管を動かすのにも役立つ。大豆製品、海藻類など。

まとめ

- カルシウムと鉄を意識してとる
- 食生活が乱れると不足しがちなので、バランスのいい食生活を心がける

38

ビタミンの役割と上手なとり方を知ろう

体にためられないビタミンも。毎食とるのが理想

ビタミンが不足すると ほかの栄養素が体で働かない

ビタミンは全部で13種類。美肌にいいビタミンCが有名ですが、女子アスリートの美と健康を守るには、どのビタミンも外せません。というのも、**いくら糖質や脂質をとってもビタミンB1がなくてはエネルギーに変換できず、たんぱく質をとってもビタミンB6がなければ筋肉はつかない**というように、さまざまなビタミンが3大栄養素の代謝に働いているから。骨を強化するカルシウムも、ビタミンDがなくては骨に吸着してくれないというように、ビタミンがないと摂取がムダになってしまう栄養素がたくさんあるのです。

水溶性ビタミンは 毎食とること

ビタミンには体の中にためておける脂溶性《しようせい》ビタミンと、ためておけない水溶性《すいようせい》ビタミンがあります。脂溶性ビタミンはとりすぎると過剰摂取で不調が起きることがありますが、ビタミン剤などを使わず食事でとっている分には、あまり心配する必要はありません。

水溶性ビタミンは余った分は尿として排出されるので、とりすぎの心配はしなくてOK。毎食不足しないように食べることが必要です。ラーメンや牛丼などの一皿料理だとビタミンが不足しがちです。小鉢をつけるなど工夫してとりましょう。

ビタミンの種類と働き

ビタミンは全部で13種類。中でも体の中にためておけない水溶性ビタミンは食事ごとにこまめに摂取することが望ましい。

脂溶性
水溶性

ビタミンA（脂溶性）
体の粘膜を強化する役割が。目の健康も守ってくれる。緑黄色野菜、うなぎなど。

ビタミンB1（水溶性）
糖質をエネルギーとして変換するのに欠かせない。豚肉、胚芽など。

ビタミンB2（水溶性）
3大栄養素の代謝に。運動量に比例して必要量が増える。レバー、アーモンド、胚芽など。

ビタミンB6（水溶性）
たんぱく質から筋肉や血液をつくるのに働く。かつお、レバー、胚芽など。

ビタミンB12（水溶性）
血中のヘモグロビンをつくるのに働く。貧血予防に必要。魚、貝など。

ビタミンC（水溶性）
コラーゲンをつくるのに働く。鉄の吸収を促進。野菜、果物など。

ビタミンD（脂溶性）
骨の強化に欠かせない。日光に当たると活性化される。鮭、きのこなど。

ビタミンE（脂溶性）
ビタミンA、Cとともに抗酸化力を高め老化を防止。アーモンドなど。

ビタミンK（脂溶性）
血液を固める止血効果が。骨粗しょう症の予防にも。納豆、ほうれん草など。

葉酸（水溶性）
赤血球がつくられるのを助ける働きがある。レバー、緑黄色野菜、豆類など。

ビオチン（水溶性）
3大栄養素の代謝に働く。皮膚の健康を守る働きも。レバー、卵黄など。

パントテン酸（水溶性）
3大栄養素の代謝に働く。ホルモンの合成にも関与。レバー、鮭、納豆など。

ナイアシン（水溶性）
3大栄養素の代謝に働く。皮膚の新陳代謝にも関与。魚、干ししいたけ、肉など。

まとめ

- ビタミンが不足すると働けない栄養素がある
- 水溶性のビタミンは体にためられない
- 小鉢やサラダを追加するなどこまめにとる

39

水の役割と上手なとり方を知ろう

のどが渇く前にこまめに飲んで24時間うるおいをキープする

栄養を体にめぐらせて汗をかいて体温調整する

私たちの体は成人で約60%、子どもなら約70%が水でできています。水は血液やリンパ液、細胞内液として体の中に蓄えられていて、体をめぐっています。水がたっぷりあるから、栄養をすみずみまで運んだり、老廃物を回収してくることができるのです。体温調整も水の大切な仕事。運動したり暑くなったとき、汗をかいて蒸発させることで体を冷やしてくれます。女子は汗をかいたりトイレの回数が多いことをイヤがったり、あるいはダイエットのために水分を減らす傾向がありますが、水を削るのは厳禁です。

ガブ飲みしても尿になる。少しずつこまめに飲もう

一日に必要な水分の量は約2・5リットルで、食事から補給できる水分量を差し引いた1・5～2リットルを飲み物で補給する必要があります。女子アスリートの場合、さらに汗で失われる水分も飲むことを心がけましょう。のどが渇いたときにはすでに体は脱水していますし、一気にガブ飲みしても体に行き渡らず尿になってしまいます。常にみずみずしく体をうるおわせるには、少しずつちょこちょこ飲むことが大事。トレーニング中は特に水分補給が大事。15分おきに100～150ミリリットルを目安に水分補給しましょう。

水分補給タイムスケジュール

水分はのどが渇いてから飲むのでは遅い。朝起きてから寝るまで、こまめに飲み続けよう。スポーツドリンクは運動時のみ。ほかは水かお茶を飲むこと。

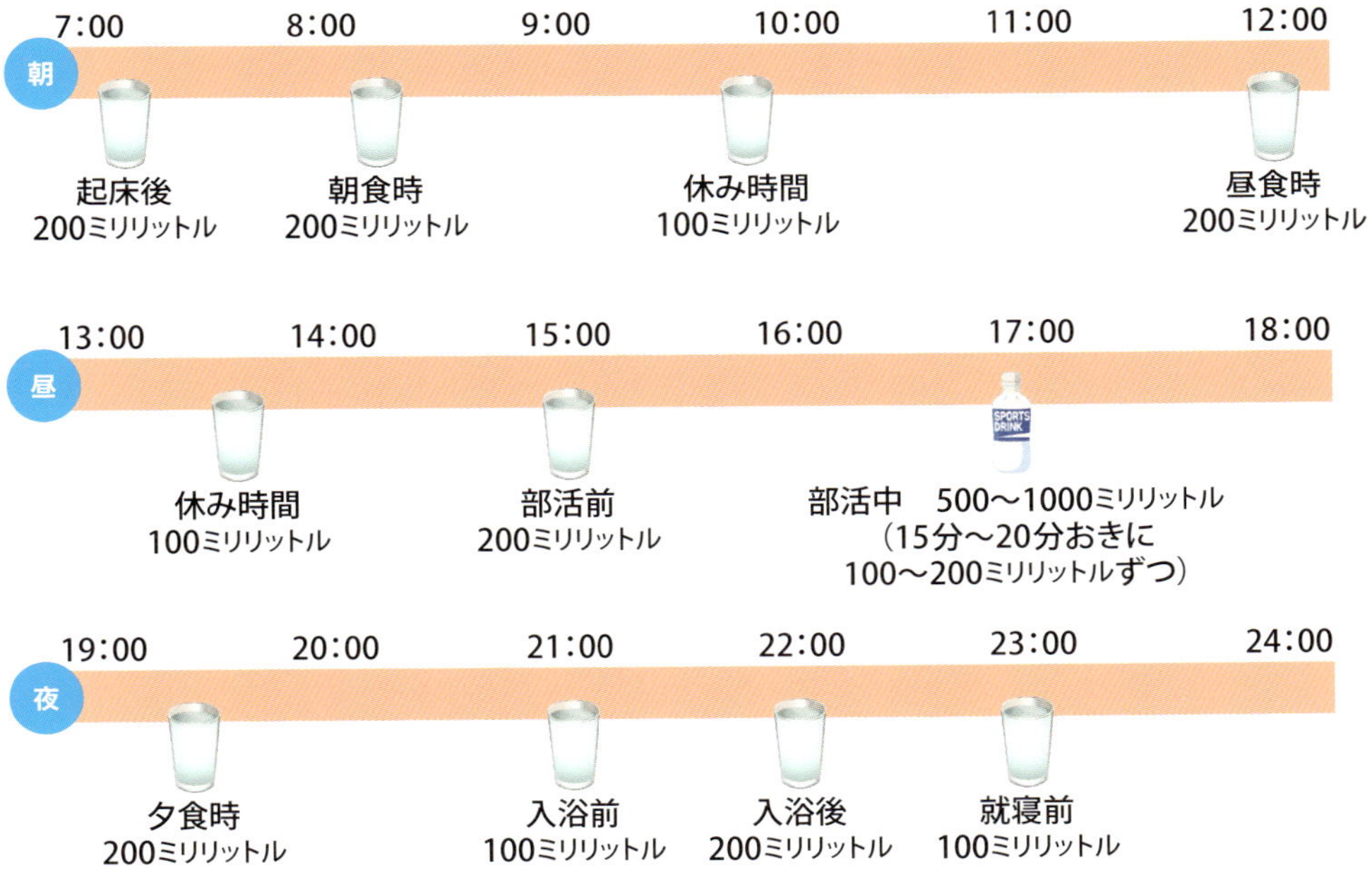

水はこまめに飲むこと。トイレの回数が減ったり、尿の色が濃くなったら熱中症になりかけているサインなので注意して。

まとめ

- 水分はのどが渇く前に飲む
- 100〜200ミリリットルずつこまめに水分補給する
- 普段は水、練習中はスポーツドリンクを飲む

ドーピングから身を守ろう

栄養は食事からとり、サプリメントは認定品を使う

ドーピング検査はオリンピックや世界大会だけでなく、国内の試合や、高校生、大学生の大会でも行われます。何気なく飲んでいる風邪薬や、サプリメントがドーピング検査に引っかかることもあるのです。

また、ドーピング違反ではありませんが、本来は貧血の治療薬である鉄剤注射を、試合の前に使っている長距離選手が多くいたことも問題になりました。鉄剤の過剰摂取は、肝臓機能障害をもたらす恐れがあります。

ドーピング検査は選手の健康を守るためのもの。自分には関係ないと無関心にならず、口に入れるものには自分で責任を持つようにしましょう。

アスリートにとって身近なサプリメントの一つであるプロテインですが、ドーピング禁止物質である筋肉増強剤が含まれていることもあります。

海外産のサプリメントは避け、日本アンチ・ドーピング機構（ＪＡＤＡ）の認定マークがついたサプリメントを選ぶのが、違反サプリメントを避けるひとつの手といえるでしょう。

もっと安全なのは、サプリメントに頼らず食品から栄養摂取することです。「サプリがあるから」と頼りすぎず、必要な栄養は食事でとることを目指しましょう。

第4章

食事の基礎知識

女子アスリートが
栄養バランスのいい食事をするなら、
「栄養ランチョンマット」が基本。
具体的な組み立て方を紹介しましょう。

40

栄養バランスが整うメニューの組み立て方を知りたい！

栄養ランチョンマットに合わせてメニューを組み立てる

自動的に栄養バランスが整う栄養ランチョンマット

女子アスリートの体をつくるためには、5大栄養素をバランスよく食べる必要があります。とはいえ、メニューを考えるときに「たんぱく質を30グラムとって、糖質とビタミンB_1を組み合わせて」と、栄養素からメニューを組み立てるのはいくら栄養を気づかっている女子アスリートでも難しいもの。そこで活用したいのが「栄養ランチョンマット」です。これは、**ランチョンマットの上に決まったメニューを乗せるだけで自動的に栄養バランスが整う、簡単なメニュー組み立てワザ。**朝、昼、夕の3食に活用できます。

主食、主菜、副菜2品、乳製品、果物をそろえて食べる

栄養ランチョンマットに乗せるメニューは全部で6品。1品目は「主食」。ごはんやパンなどの炭水化物です。2品目は「主菜」。肉や魚、卵などを使ったメインのおかずです。3品目、4品目は「副菜」。野菜やたんぱく質を使ったサブおかずを2品食べましょう。5品目がチーズや牛乳、ヨーグルトなどの「乳製品」。6品目が「果物」になります。**「主食→ごはん、主菜→焼きざけ、副菜1→みそ汁、副菜2→おひたし、乳製品→牛乳、果物→みかん」というように栄養ランチョンマットに合わせてメニューを組み立てていきます。**

栄養バランスが自動的に整う栄養ランチョンマット

栄養ランチョンマットは、決められた6品に合うメニューをそろえるだけでOK。栄養素のことを考えなくても、自然と栄養バランスが整う。

乳製品
牛乳やヨーグルト、チーズなど。骨のもとになるカルシウムや植物性たんぱく質を摂取できる。

果物
みかん、りんご、いちごなど。ほかの栄養素を吸収するのに働くビタミンが豊富。美肌もサポート。

主菜
肉、魚、豆、卵を使ったメインのおかず。主菜で女子アスリートの必須栄養素、たんぱく質をとれる。

主食
ごはんやパン、麺類など。女子アスリートのエネルギー源になる炭水化物をしっかりとろう。

副菜1　副菜2
豆腐などのたんぱく質や野菜、海藻、きのこなどを使ったサブおかず。汁ものやサラダを用意。

まとめ

- 栄養バランスを整えるには栄養ランチョンマットを活用する
- 決められた6品でメニューの構成を組み立てる

41

主食は何に気をつけて選べばいいの？

ほかのおかずと組み合わせやすい炭水化物をチョイス

主食抜きは絶対NG！特に朝食は必ず主食をとる

主食はごはんやパン、麺類などの炭水化物。女子アスリートの体を動かすエネルギー源です。欠かしてしまうのは絶対NG。万が一「朝は果物と牛乳だけ」なんて食事にすると、前夜の夕食から昼食までの間、体はエネルギーがゼロになってしまいます。するとエネルギーをつくり出すために筋肉が分解される恐れがあるのです。

ダイエットのために主食を抜くのも、かえってため込み体質になりやすいので逆効果。**特に朝食は、1日のエネルギーをとるためにも必ず主食をとるように心がけましょう。**

主食の条件はほかのメニューに合わせやすいこと

主食は、ほかのおかずと合わせやすいものを選ぶことも大事です。食パンなら、ハムエッグやサラダと合わせて食べやすいですが、メロンパンだと牛乳があればそれでメニューが完結してしまいがち。栄養ランチョンマットをつくれなくなってしまいます。糖質はビタミンB1なしにエネルギーとして使えません。**3食の主食にはおかずと合わせられるメニューを選びましょう。**おかずからで満腹になり、ごはんを残してしまうのは避けたいところ。小食の人なら、主食、主菜、副菜を順番に食べる「三角食べ」の習慣を身につけましょう。

主食の上手なとり方

主食だけで満足できるメニューを避け、ほかのおかずとバランスよく食べられるよう気をつければ、栄養ランチョンマットをつくりやすい。

選びたい主食・避けたい主食

ごはん

主菜や副菜との相性抜群！　毎食でも飽きず腹持ちもいい

チャーハン

肉や野菜も入っていれば、主菜、副菜も兼ねていると考えてOK。

ミートスパゲッティ

お肉たっぷりであれば、主食＆主菜のメニューになる。

ペペロンチーノスパゲッティ

主菜や副菜も食べるなら構わないが、一品で満腹になるならNG。

食事パン

ハムエッグなど、たんぱく質の主菜と合わせて食べやすい。

菓子パン

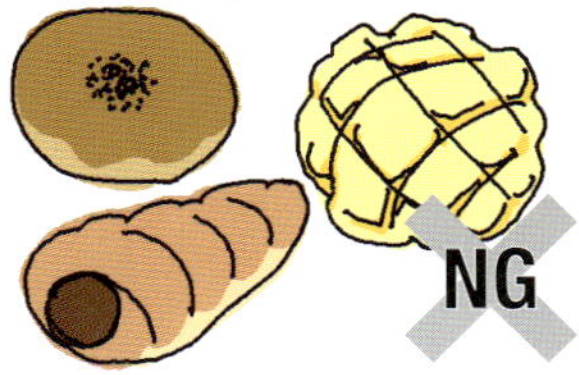

メロンパンやあんぱんは、それだけで満足しがち。主食には不向き。

主食を食べられる食べ順を工夫する

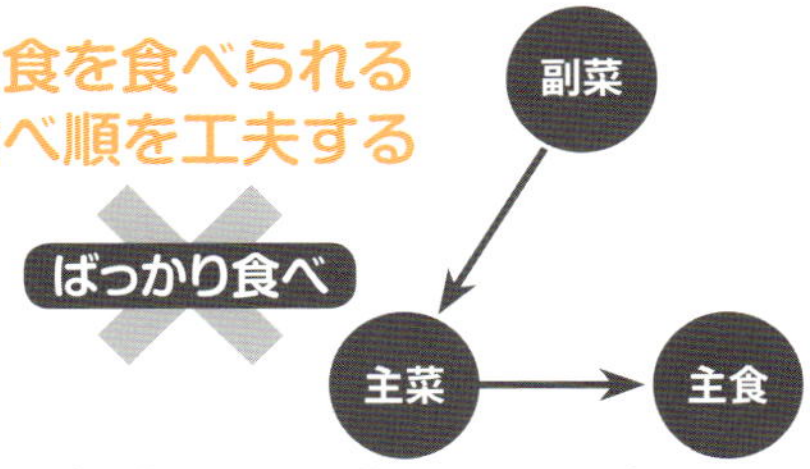

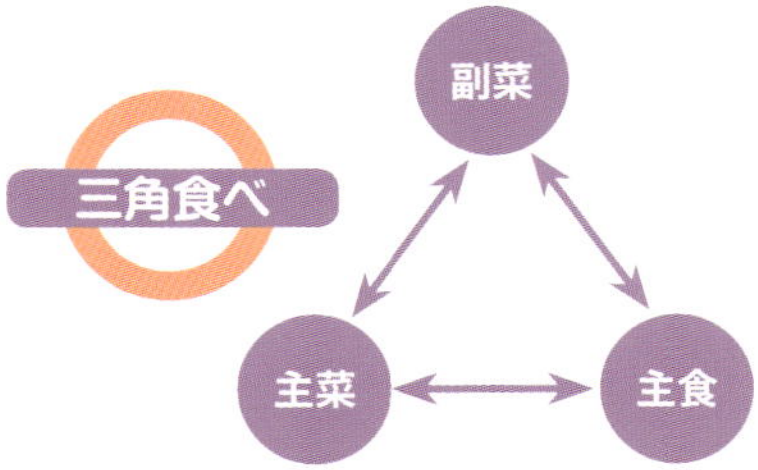

一品ずつ食べ進み最後にごはんを食べると、ごはんは満腹で食べられなくなることも。主食を残しがちなら、おかずとごはんを交互に食べる三角食べで、バランスよく食べる習慣をつけよう。

まとめ

- 主食抜きの食事は厳禁。特に朝は必ず食べる
- ほかのおかずと合わせやすいメニューを選ぶ
- ごはんを残しがちなら三角食べを身につける

42

主菜は何に気をつけて選べばいいの？

肉、魚、豆、卵を1日でまんべんなくとる

同じ主菜に偏らずさまざまなたんぱく質を食べる

主菜でとりたい栄養素はたんぱく質です。女子は男子に比べて筋肉がつきにくいという特性があるので積極的にとりたいのですが、おにぎりや菓子パンなど手軽にとれる食事ばかりだと、たんぱく質が不足しがち。主菜を欠かさないよう意識を高めましょう。

また、肉ばかり、豆腐ばかりというように、毎食同じ主菜に偏ってはいけません。というのも、84ページで出てきたように、**たんぱく質はさまざまな食品をとることで、必須アミノ酸をそろえやすくなるからです。**

理想は1食で2種類のたんぱく質摂取

目指したいのは1日のうちに肉、魚、豆、卵の4種類のたんぱく質を制覇すること。そのためにはまず朝、昼、夜の3食の主菜で3種類別々のたんぱく質をとることが基本となります。残りの1種類は副菜に冷ややっこを食べたり、おやつにサラダチキンを食べるなど、副菜や補食でとるといいでしょう。

あるいは、肉と豆の両方をとれる肉豆腐を食べるといったように、数種類のたんぱく質をとれる主菜を選ぶのもおすすめ。1食で2種類のたんぱく質をとると、4種類すべてを制覇しやすいです。

主菜の上手なとり方

たんぱく質のアミノ酸バランスを整えるために、主菜は偏らないよう注意。肉、魚、豆、豆腐を１日のうちに制覇しよう。

肉
牛肉、豚肉、鶏肉、ハム、ウインナーなど。貧血予防にうれしい鉄や疲労回復のビタミンB群なども豊富。

魚
まぐろ、かつお、さけ、貝類、魚介類、かまぼこなど。EPAやDHAといった良質な脂質もとることができる。

4種類を1日でコンプリート！

豆
豆腐、油揚げ、納豆など。植物性たんぱく質で、脂質が少なくローカロリー。

卵
必須アミノ酸すべてを満たし、ビタミン類やミネラルも豊富。「完全食」と呼ばれる。

4種類のたんぱく質をとる工夫

主菜のたんぱく質を毎食変える
同じ主菜を食べ続けるのはNG。朝は卵、昼は魚、夜は肉というように、まんべんなく主菜のたんぱく質をとろう。

1食で2種類のたんぱく質をとる
２種類を使った主菜や、たんぱく質を使った副菜をとるなど１食で２種類食べればとりこぼしがない。

ひき肉や薄切り肉を活用する
疲れていると肉を食べたくないことも。かたまり肉は食べにくいので、薄切り肉やひき肉で乗り切ろう。

まとめ

- 肉、魚、豆、卵の主菜をまんべんなく食べる
- 一食で2種類のたんぱく質をとるのが理想
- 主菜でとりこぼしたら副菜や補食でとる

43

副菜は何に気をつけて選べばいいの？

野菜、いも、きのこ、海藻をいろいろ食べる

汁ものは栄養補給と水分補給が同時にできるすぐれもの

副菜でとりたい栄養素はビタミンやミネラル、食物繊維です。3大栄養素の吸収や代謝に働くだけでなく、美肌やツヤ髪にも欠かせない栄養素ですから、強さと美を目指す女子ならたっぷり摂取したいところ。野菜やいも類、きのこ類、海藻などを使ったサラダやおひたし、酢の物などを毎食2品とりましょう。主菜でとりきれなかったたんぱく質を副菜としてとってもいいでしょう。

副菜のうち1品は、毎食汁ものでも構いません。**具だくさんのスープやみそ汁なら、栄養バランスが整ううえ、水分補給にもなり一石二鳥です。**

野菜は部位と色にバリエーションをつける

野菜とひと口にいっても、持っている栄養素はさまざまあります。バランスよく食べるには、含んでいる栄養素が異なる種類を組み合わせて食べたいところ。野菜ごとの栄養素を詳しく知らなくても大丈夫です。部位と色に注目して、バリエーションが豊かになるよう心がけましょう。部位というのは大きく分けて「葉」「実」「根や茎」の3つ。色は濃いか薄いかで分類します。**色の濃い葉、色の薄い根というように6種類をまんべんなく食べれば、野菜の持つ栄養素をしっかりとることができます。**皮ではなく中身の色で判別しましょう。

野菜をバランスよくとるコツ

サラダでレタスときゅうりを食べているから野菜は十分と考えてはダメ。部位と色の違う野菜をさまざま食べることで野菜の栄養素をバランスよくとれる。

	葉	実	根や茎
色が濃い	ほうれんそう 小松菜 にら　など 	トマト かぼちゃ ピーマン　など 	にんじん アスパラガス など 
色が淡い	白菜 キャベツ レタス　など 	なす きゅうり ズッキーニ　など 	ごぼう れんこん 大根　など 

まとめ

- 野菜、いも、きのこ、海藻を使ったサラダや汁もの、おひたしなどを食べる
- 野菜はいろいろな部位と色の種類を食べる

44

乳製品・果物は何に気をつけて選べばいいの？

練習量や食事量に合わせてフレキシブルにとる

乳製品と果物は毎食とれなくてもＯＫ

牛乳やチーズなどの乳製品には、骨の強化に働くカルシウムやたんぱく質が豊富。果物にはビタミン類が多く含まれています。そのため栄養ランチョンマットの6品に入っているわけですが、小食で食べられる量が少なかったり、運動量の少ないポジションで消費エネルギーが少なかったりすれば、6品すべてを食べきれないこともあるでしょう。**必要な炭水化物やたんぱく質が不足するぐらいなら、乳製品と果物は外しても大丈夫。** 1日のうちどこか一食でとればＯＫと考えて、運動量によって量や回数を調整します。

補食としてチーズや果物を食べる

食事のときに食べきれなければ補食に回してもいいでしょう。練習前の栄養補給や夕食まで時間があいてしまうときの補食として、ヨーグルトやチーズを選ぶようにしましょう。**果物は固形でなく、ミキサーなどでつぶしてジュースにしても構いません。** また、フルーツヨーグルトで、乳製品と果物の2品分と考えてもＯＫです。

ちなみに乳製品として優秀食材である牛乳ですが、おなかがゆるくなるからイヤという女子は多いもの。シチューのように加熱するとおなかはゴロゴロしにくいので、ぜひ試してみてください。

乳製品・果物の上手なとり方

3食毎回6品は食べきれない、牛乳が苦手など、乳製品と果物をとるのが難しい人におすすめの工夫を紹介しよう。

POINT 1

3食で毎回とらなくてもOK

食事を食べきれなければ、乳製品と果物は1日1食、どこかでとれればいい。主食、主菜、副菜をしっかり食べよう。

POINT 2

食事でとれなければ補食に回すのもアリ

乳製品と果物は食事でとれなければ補食として食べる。チーズやヨーグルトは持ち歩きも便利なので、うまく活用して。

POINT 3

乳製品と果物を1品でとってもOK

いちご入りのヨーグルトなど果物と乳製品を組み合わせたメニューなら、1品で乳製品と果物をクリアできる。

POINT 4

ヨーグルトは乳酸菌が入っているかチェック

ヨーグルトの中には乳酸菌やビフィズス菌が少なく、たっぷりの砂糖と寒天でつくられているものも。とれる菌を確認しよう。

POINT 5

果物はジュースにして飲んでもOK

オレンジやりんごなど、固形で食べにくければジュースにしてもいい。果物を組み合わせてミックスジュースもOK。

POINT 6

牛乳が苦手なら料理に使って摂取する

牛乳を飲むとおなかがゴロゴロする、味が苦手という人。シチューのように加熱すると食べやすいので試してみて。

まとめ

- 乳製品と果物は1食だけ摂取でもOK
- とりきれないときは補食として食べる
- フルーツヨーグルトなら2品いっぺんにとれる

45

時間がなくても栄養ランチョンマットはつくれる！

時間がないときは主菜や副菜代わりの具を増やす

トーストにはハムやチーズを乗せて栄養価をアップ

栄養ランチョンマットに合わせて6品食べるのが理想ですが、毎食6品を用意するのは大変。朝食の用意をする時間がないこともあるでしょう。わざわざ毎食、キッチンに立って用意しなくても大丈夫。**昨夜の残り物を使ったり、主菜や副菜の代わりに具を増やしてカバーしましょう。**例えば朝食がバタートースト1枚なら、そこにハムとレタスを乗せれば主菜と副菜1品はカバーしたことになります。昨夜の残りのスープを温めて2品目の副菜が完成。後はフルーツヨーグルトを足せば乳製品と果物もクリアと考えて構いません。

カレーを具だくさんにすれば主菜、副菜もカバーできる

カレーライスも具だくさんにします。ごはんが**主食、牛肉が主菜、具の野菜を副菜1品と考えます。**チーズをトッピングすれば乳製品はクリア。あとは副菜2品目の野菜サラダと果物を足せば、栄養ランチョンマットの完成です。避けたいのは、ドーナッツやケーキを食事代わりにしたり、ざるそばだけといった炭水化物オンリーの献立。糖質だけでは栄養が不足するうえ、ビタミンB_1が入ってこなければエネルギーに変換することもできません。栄養ランチョンマットを意識すれば、お手軽でも栄養バランスの整ったメニューになるのです。

調理ゼロで主菜になるたんぱく質食材

時間がないときに準備しにくいのが、たんぱく質の主菜。調理しなくてもすぐ食べられる食材をそろえておけば、栄養ランチョンマットを整えやすい。

肉

サラダチキン、焼きとり缶、ソーセージ、コンビーフ、ハム、とりそぼろビン詰など

魚

ツナ缶、さけ缶、さば缶、魚肉ソーセージ、カニカマ、ちくわ、チーカマ、しらすなど

豆

サラダビーンズ、納豆、豆乳、豆腐など

卵

ゆで卵など

まとめ

- 毎食6品作ろうとがんばらなくても大丈夫
- 具材のトッピングや残り物で品数を増やす
- すぐ食べられるたんぱく質食材があると便利

46

女子アスリートは歯が命。強い体はよくかむことでつくる

食事内容だけじゃない。食べ方の意識を高めて強い体をつくる

1回20回かめば消化吸収がスムーズに

食べる内容だけでなく、食べ方も女子アスリートの体づくりを左右します。大事なのはよくかむこと。理想はひと口20～30回。よくかんで食べれば食べ物は細かくかみ砕かれ、唾液がたくさん出て消化もスムーズに。また、かむことで胃腸に「これから食べ物が送られてくる」と信号が伝わり、消化のスイッチが入るのもメリット。胃腸の負担を軽くすることができます。唾液には口の中を清潔に保つ働きもあるので、虫歯の予防にも◎。また、かむことで脳の満腹中枢が刺激されるため、ドカ食いを防ぐことができます。

切り方や食事の姿勢の意識でよくかめるように

小中学生の成長期は、かむこと自体も体づくりの一環です。咀嚼《そしゃく》することでアゴの力を強化できますし、骨や歯の発達も促進されます。よくかむには食材を大きめに切ったり、野菜を皮つきのまま調理したり、ごぼうや小魚などかみ応えのある食材を使うのもおすすめです。また、汁ものや飲み物で流し込まないことも大事。食事に集中していないとろくにかまずに飲み込みがちなので、テレビを見ながらの食事はNG。姿勢が悪いとうまくかめずおなかにも入っていきません。猫背にならずいい姿勢で食べることも習慣づけましょう。

女子アスリートにとってうれしいよくかむ効果

よくかむことで「**ひみこのはがい（ー）ぜ**」の効果が得られるといわれている。どれも女子アスリートにとって、うれしいことばかりだ。

ひ
肥満を防ぐ
よくかむことで満腹中枢が刺激される。「おなかいっぱい」と感じるのでドカ食いを防げる。

み
味覚の発達
食材の味をしっかりと感じ取れるように。おいしく食べることが体づくりの第一歩だ。

こ
言葉の発音
口まわりの筋肉が発達して、発音がハッキリ。チームメイトへの声もよく通るようになる。

の
脳の発達
かむことで脳の血流がアップ。判断力や集中力が上がれば、パフォーマンスもアップ。

は
歯の病気を防ぐ
唾液がたくさん出て口の中を清潔に保て、虫歯になりにくい。白い歯がキラリ輝く女子になれる!

が
がんの予防
唾液の酵素にはがんを防ぐ働きも。長く競技を楽しむために、将来の怖い病気を予防。

い
胃腸の働き
かむことが消化のスイッチを入れる。消化酵素がたくさん出るので消化がスムーズに。

ぜ
全身の体力向上
ここ一番の場面で、グッと歯を食いしばれるように。フルパワーで競技にのぞむことができる。

まとめ
- ひと口20〜30回を目標によくかむ
- よくかむために食材を大きめにカットする
- 慌てずゆっくり、食事を楽しむ

47

コンビニやファストフードは避けるべき?

コンビニを上手に使うコツは栄養素を見てメニューを選ぶ

コンビニやファストフードは栄養補給に欠かせないスポット

昼食から夕食までの時間が長く、その間に運動する女子アスリートにとって、コンビニやファストフードは補食を手に入れられる貴重な場所です。コンビニやファストフードの食事は不健康と思っている人も多いでしょう。たしかに野菜が少なかったり、塩分がきつかったり、脂質過剰だったりという傾向はあるので、3食ファストフードなど頼りすぎれば、栄養は偏《かたよ》るでしょう。

しかし**補食としてや、週に数日利用する分には大丈夫。メニュー選び次第では女子アスリートの強い味方になってくれます。**

栄養ランチョンマットに合わせてメニューをチョイス

大事なのは選ぶものにどんな栄養が含まれているかを考えること。例えばコンビニでお昼ごはんを買うとき。菓子パンでは糖質と脂質しかとることができません。さけおにぎりを選べば、さけに含まれるビタミンB_1が糖質をエネルギーに変換。食べた栄養をエネルギーとして使うことができるのです。食事で利用するときは、日ごろの食事と同様、**栄養ランチョンマットに当てはまるよう主食、主菜、副菜などをチョイス。**野菜サラダをプラスしたり小鉢を足したりすることで、必要な栄養をそろえることができます。

コンビニや外食でのメニュー選びのコツ

次の食事までの時間があくときなど、コンビニや外食は頼もしい味方。糖質と脂質オンリーのメニューにならないよう栄養バランスを整えよう。

	コンビニ	ファミレス	ファストフード
主食・主菜・副菜の組み合わせ例	●幕の内弁当 ●さけおにぎり ＋おでん （大根、たまご、 こんにゃく） ●チキンサンド ＋野菜スープ ＋海藻サラダ 	●焼き魚定食 ●海鮮スパゲッティ ＋ほうれんそうソテー ＋きのこスープ 	●チーズバーガー ＋サラダ＋牛乳 ●チキンバーガー ＋ポテト ＋野菜ジュース 
NGメニュー例	●菓子パン ●インスタントラーメン	●ペペロンチーノ （単品） ●ざるそば （単品）	●フライドポテト ＋コーラ ●ドーナッツ ＋シェイク

まとめ

●コンビニや外食を不健康と避けなくて大丈夫
●食事で使うときは糖質と脂質だけにならないよう、栄養ランチョンマットに合わせてメニューを選ぶ

48

女子アスリートならお菓子は控えたい

3ステップで見直せばお菓子を食べる量をコントロールできる

お菓子で満腹になりほかの栄養素がとれないのが大問題

スナック菓子やスイーツは、女子にとって心の友ですが、アスリートの体をつくるためには控えたいところ。お菓子がダメな理由は2つあります。

一つは、**お菓子でとれる栄養素は糖質と脂質ばかりである点。**両方とも体に必要だけれど、ほかの栄養素と組み合わせなければエネルギーとして働くことはできません。つまり使われず体脂肪として体につくだけなのです。もう一つの問題は、お菓子でおなかがいっぱいになれば、とるべきほかの栄養素が入らなくなる点です。**お菓子を食事代わりにするのはやめましょう。**

食事の見直し→和菓子を活用→少しずつスイーツを減らす

お菓子がやめられない理由は、栄養不足かもしれません。まずは食事で糖質やたんぱく質をしっかりとること。また、クリームやバターたっぷりの洋菓子に比べれば、小豆や栗、寒天などでつくられている和菓子のほうが、栄養補給食品として優勢。**脂質も低めですから、甘いものがやめられないなら、洋菓子から和菓子に切り替えてみましょう。**甘いものを控えることで、甘さへの味覚は鋭くなります。少しずつ甘いものを減らして味覚を変化させ、果物やさつまいもなど自然な甘さで満足できる味覚を目指しましょう。

お菓子依存から脱出する3ステップ

いきなりお菓子をすべて禁止にするのはストレスが大きいもの。お菓子なしでも満足できる味覚を目指して、少しずつ食事や補食を見直していこう。

Step 1

食事の内容を見直す

炭水化物やたんぱく質が不足しているせいで口さみしくなっている可能性も。お菓子を食べたくなったら、おにぎりやサラダチキンで栄養補給する習慣をつけよう。

Step 2

洋菓子から和菓子に切り替える

どうしても甘いものがほしければ、バターとクリームたっぷりの洋菓子より、小豆やいも、栗、かぼちゃなどでできた和菓子のほうが◎。脂質も洋菓子より控えめ。

Step 3

甘さに敏感な味覚を育てる

スイーツを控えるうちに、甘さに対して味覚が敏感になっていく。果物やさつまいもなど自然な甘さ「すごく甘い」と感じられる鋭い舌を目指そう。

まとめ

- お菓子が体づくりによくない理由を理解する
- 食事の栄養不足を疑い、補食も取り入れる
- 少しずつ甘いものを控え自然な甘さに敏感になる

49

自分にとって適正な食事量&運動量を知る方法は?

体脂肪量と除脂肪体重の増減に目を向けよう

体脂肪量と除脂肪体重は体重と体脂肪率から割り出す

女子アスリートとして目指したい体に近づけているのかを知るために、体の組成を理解しておくことが大切。そのために把握しておきたいのが体重と体脂肪率です。体重や体脂肪率は1日のうちでも変動するので、毎日同じ条件で計りましょう。朝起きてトイレにいった直後、空腹状態で計るのがおすすめ。例えば体重が50キログラムで体脂肪率が20%なら10キログラムは脂肪で、40キログラムは骨と筋肉など脂肪以外で体が構成されていることになります。**脂肪の重さを「体脂肪量」、骨と筋肉の重さを「除脂肪体重」といいます。**

体組成が適正な食事量と運動量を知るヒントに

除脂肪体重と体脂肪量がわかれば、栄養状態やトレーニングの過不足がわかってきます。体重が減ったとき体脂肪量が変わらず除脂肪体重が減っているなら、筋肉が落ちていることになります。また、**体重が増え脂肪量が変わらず除脂肪体重が増えているなら、栄養摂取とトレーニングがうまくいっていると考えていいでしょう。**

小中学生の成長期であれば、身長や体重の増え方を示した「成長曲線」を活用するのがおすすめ。身長や体重の増え方がグラフから外れてないか照らし合わせてみましょう。

自分の体脂肪量、除脂肪体重を知ろう

エネルギー摂取量やトレーニング量が適正かどうかを知るヒントが、体脂肪量と除脂肪体重。体重と体脂肪率がわかれば、計算で求められる。

体脂肪量と除脂肪体重の求め方

体重（kg）×体脂肪率（%）÷100＝体脂肪量（kg）
体重（kg）－体脂肪量（kg）＝除脂肪体重（kg）

体脂肪率20%の女子アスリートなら……

50（kg）×20（%）÷100＝体脂肪量**10**kg

50（kg）－10（kg）＝除脂肪体重**40**kg

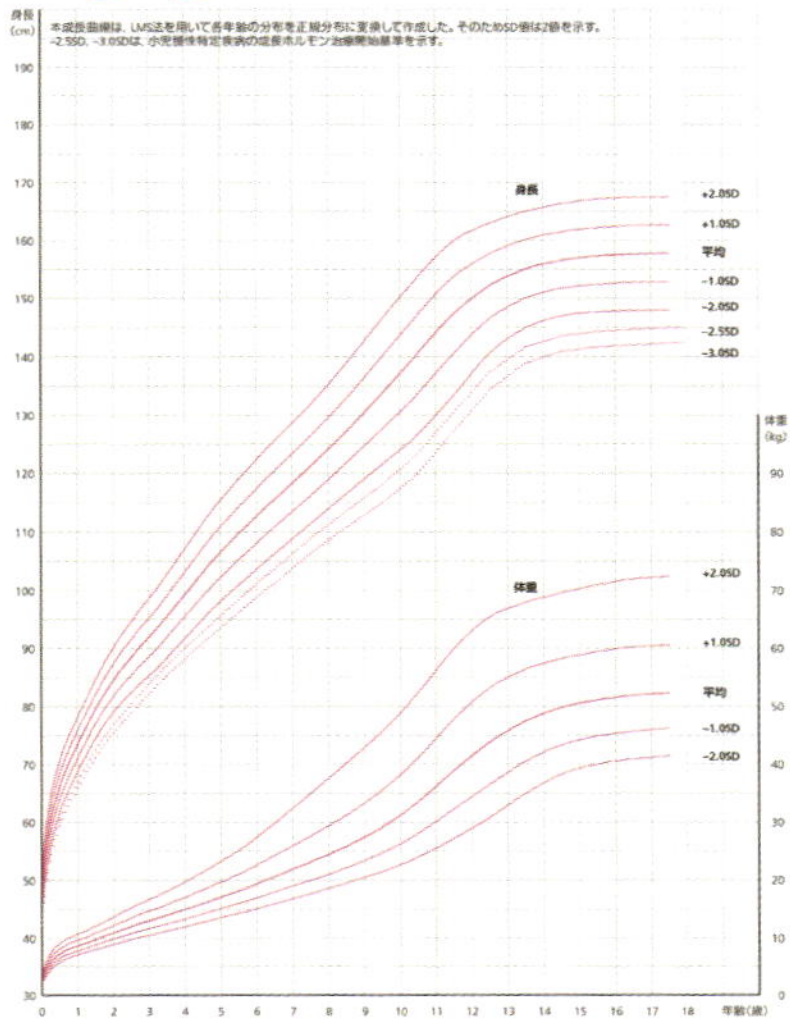

成長曲線を活用しよう

身長や体重を計って印をつける。どれかの曲線に沿って増えていっていればOK。大きく下に外れたら栄養の過不足が疑われる。成長曲線は日本小児分泌学会のサイト（http://jspe.umin.jp/medical/taikaku.html）からもダウンロードできる。

出典：一般社団法人 日本小児内分泌学会, 著者：加藤則子, 磯島豪, 村田光範 他：Clin Pediatr Endocrinol 25 : 71-76, 2016

まとめ

- 体重と体脂肪率は毎日同じ条件で計測する
- 体脂肪量と除脂肪体重を知っておき、適正な食事量&運動量を知るヒントに役立てる

50

困ったら女性アスリート外来に相談してみよう

女子アスリートを応援してくれる力強い味方！

指導者と競技者の目指すゴールがズレていることも

女性アスリートがどんな栄養をとればいいのか、月経とのつき合い方や運動との関連など研究が進んできたのは近年のことです。そのため、指導者の中にはまだまだ、「栄養をとらず低身長をキープする」「月経がこなくて一人前」「月経がつらくて休みたいなんて甘えている」といった考え方を持っている人も多くいます。指導者とあなたの目指すゴールにズレがある可能性もあります。

競技を続けていくうえで困ったり、迷ったりしたら、**女性スポーツ外来をはじめ、女性の体に詳しい産婦人科医や、栄養士に相談してみましょう。**

不調なときだけでなく困ったら相談を

女性アスリート外来や産婦人科は、無月経になって初めて受診する駆け込み寺ではありません。目に見えるけがや不調だけでなく、「今の栄養摂取のやり方で合っている？」「試合に向けて月経をコントロールしたい」といった悩みも受け付けてもらえます。**競技を続けていくうえで、体のことを何でも相談できるパートナーと考えましょう。**自分の体のことを知り、コンディションを整え、試合に向けてベストの状態をつくるのもトレーニングの一環。そのサポーターとして、女性アスリート外来を上手に活用してください。

女子アスリートをサポートしてくれる団体&医療機関

女子アスリートが抱えている体や栄養の悩みに答えてくれる団体や医療機関だ。一人で悩まず、まずは相談してみよう。

順天堂大学医学部付属 順天堂医院 女性アスリート外来

月経周期異常、月経周期によるコンディション不良、疲労骨折、摂取エネルギー不足など。産婦人科、整形外科、メンタルクリニック、栄養部がタッグを組み、多角的に診療する。
https://www.juntendo.ac.jp/hospital/clinic/wsmc/

一般社団法人 女性アスリート健康支援委員会

女性特有の問題を抱えている国内レベルの選手や学校の運動部活動レベルの選手に対応するために発足。HPでは女性アスリートの相談に対応できる全国の産婦人科医リストを掲載している。
http://f-athletes.jp/

東京大学医学部付属病院 女性アスリート外来

選手のコンディショニングや、競技、種目、試合や練習日など女子アスリートの事情を細かく考慮した診療をしてもらえる。障がい者アスリートのサポートも積極的に行っている。
https://www.h.u-tokyo.ac.jp/patient/depts/jyoseisanka/athlete/

日本パラリンピック委員会 女性スポーツ委員会

疲れて食事が食べられないときのおすすめメニューが知りたい、月経時の貧血を抑えるには？　など、女子パラアスリートのトレーニングや健康についての悩みを、メールで受け付けている。
https://www.jsad.or.jp/paralympic/jpc/womens.html

まとめ

- 女性アスリート外来は、良コンディションを保つためのサポーターと考える
- 困ったり悩んだら、気軽に相談してみる

コラム

成長スパートのタイミングを逃さずキャッチ

無料で使えるソフトウエア『スラリちゃん、Height!』

順天堂大学女性スポーツ研究センターでは、女性アスリートヘルスサポート（FAHS）ソフトウエア『スラリちゃん、Height!』を開発。女子アスリートの健康的な発育発達を助けるソフトウエアで、両親の身長、自分の身長と体重を入力することで、身長や体重、BMIといったデータをグラフで確認できるのが特徴です。成長曲線を可視化することで、コーチやドクターと情報を共有できるので、トレーニングメニューを立てるヒントになります。また、成長スパートが始まったり、体重がガクンと下がったときには、メッセージでお知らせしてくれる機能もついています。

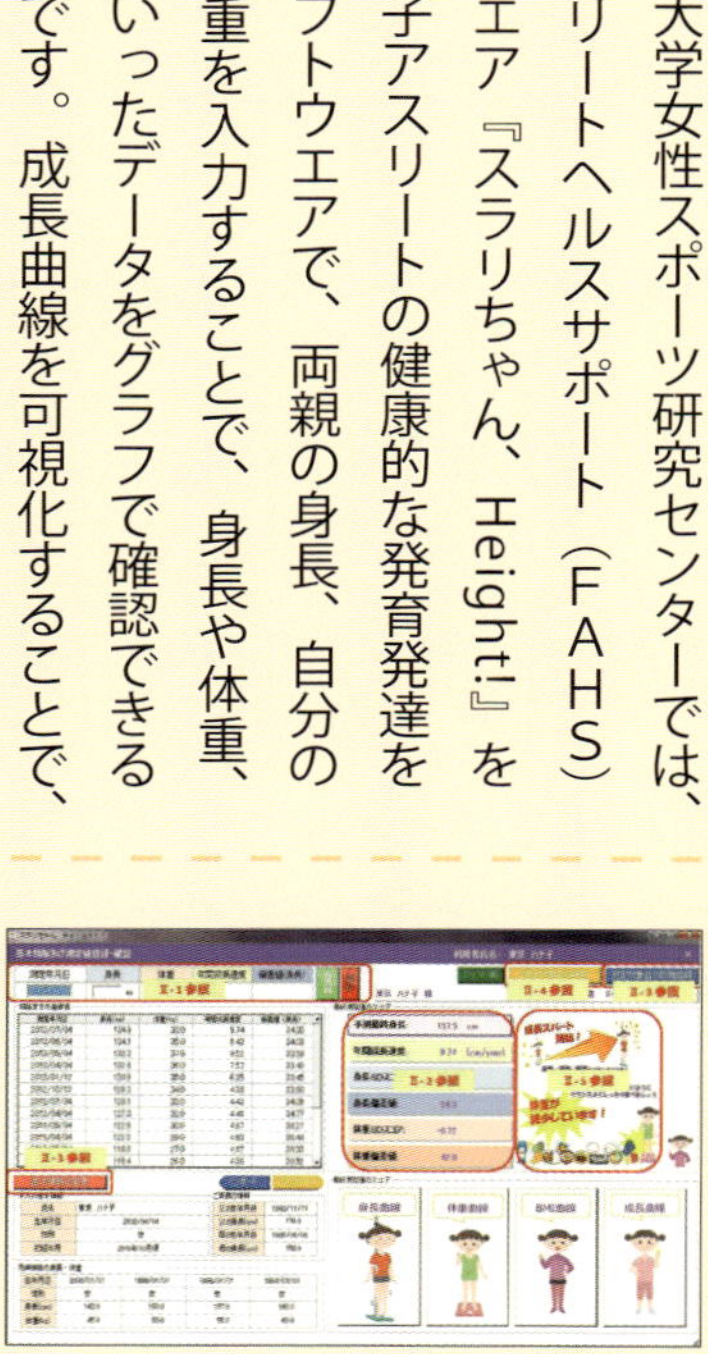

両親や自分自身の身長、体重などのデータを打ち込むことで、成長の変化をグラフで表示してくれる。

©女性スポーツ研究センター

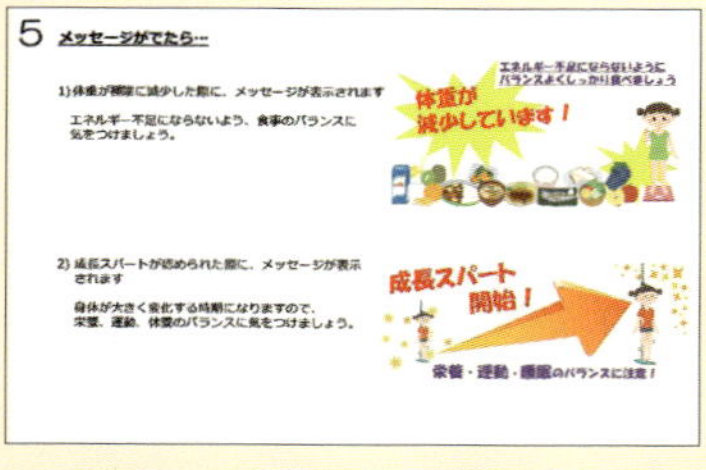

成長スパートが始まったときや、大きく体重が落ちたときはメッセージでお知らせ！

©女性スポーツ研究センター

ソフトウエア『スラリちゃん、Height!』
HP（https://www.juntendo.ac.jp/athletes/surari/）

第5章 女子アスリートの栄養摂取 Q&A

女子アスリートが困りがちなこと、
多い相談をまとめました。
あなたの悩みを解決するヒントが
見つかるかもしれません。

Q&A 01

Question

練習が遅くまであり夕食の時間も遅い。空腹のピークを過ぎて食欲わきません。

Answer

夕食を練習直後の補食、帰宅してからの夜食と2回に分けて食べるのがおすすめ。

15時ごろまで授業を受けた後、日が落ちるまでみっちり部活に明け暮れ、さらに塾にも通っているというハードスケジュールな女子アスリートもいるのでは？　空腹のピークを過ぎるともう食べたくないと食欲がわかないこともあるでしょう。

　また、体型を気にしている女子アスリートの中には、脂肪としてつきやすい遅い時間の食事を避けている人もいるはず。寝る直前に食べれば、胃腸が動いたまま寝るため睡眠が浅くなり、翌朝も胃がもたれて食欲がわかないと、負のスパイラルに陥《おちい》ってしまいます。

　とはいえ、**エネルギー不足は、筋肉の分解が進むこともあり、避けなくてはなりません。解決策は、夕食を2回に分けることです。食べるものは栄養ランチョンマットに合わせます。**まず練習後に補食として、おにぎりなど主食を食べ、帰宅後、残りを夜食として食べるのです。ハンバーグなど脂質の多いメニューは消化に時間がかかるので、とりささみのソテーなど胃腸の負担が軽い主菜がおすすめ。運動した分のエネルギーを1回目の夕食で補い、翌朝まで栄養補給の時間があくのを2回目の夕食で防ぐことができます。組み合わせや量はそのときの状態によって調整しましょう。

Q&A 02

Question

朝練がある日はギリギリまで寝たい。睡眠時間と朝食、どっちをとるべき？

Answer

どちらも削れない大切なもの。生活リズムや練習量を見直し、朝食の欠食は避けること。

朝7時から練習をスタートして、その後、授業という場合。朝練の後に栄養補給しないとエネルギー不足を起こします。エネルギー不足から眠気に襲われているのに「授業中に寝るな」というのは無理な話。そんな練習は考えたほうがいいというのが、スポーツ栄養学の視点から見た意見です。栄養と運動、休息のバランスを崩してまでトレーニングしても、身につかないどころか、パフォーマンスが落ちたり、けがの原因になる恐れも。**睡眠時間を確保したうえで、朝食の時間もとれるよう、まずは生活リズムを見直してみましょう。**

そのうえで、朝食を抜くのは女子アスリートとして絶対にやってはいけません。前日の夕食から、8時間以上栄養が補給されていないのです。朝食には体と頭を目覚めさせ、水分とエネルギーを補給し、体温を上昇させる役割があります。**栄養ランチョンマットに合わせてたっぷりとるのが理想。**朝練で練習前にしっかりと朝食をとるのが難しければ、とりあえずおにぎりや果汁１００％のジュースなど糖質を中心にしたメニューで栄養補給してのぞみましょう。練習が終わったら、牛乳やゆで卵、果物など、練習前の食事でとりきれなかった栄養を摂取するといいでしょう。

Q&A 03

Question

練習中、すぐに足がつってしまいます。何を食べたら治る？

Answer

足がつるのは水分とミネラル不足が原因。スポーツドリンクやナッツをとろう。

足がつってしまうと、ピキーンと筋肉が硬直して思うように動かせなくなります。足がつっているというのは、自分の意思で筋肉を弛緩《しかん》、収縮できず、筋肉がけいれんしている状態。本来は脳からの指令を神経を伝って筋肉に伝えるわけですが、その指令がうまく届かなくなっているのです。

指令が届かなくなるのは、**体内のミネラルバランスが崩れていることが原因と考えられます。**カルシウムやマグネシウムといったミネラルには、神経伝達の情報量をコントロールする役割があるため、汗といっしょに流れ出てしまうと神経の伝達がうまくいかなくなるのです。すると、筋肉が疲労し、血行が悪くなっているふくらはぎや足の裏が、つってしまうというわけです。

足がつるのを予防するには、カルシウムやマグネシウムなどのミネラル類をしっかりとり、水分補給をまめにすることが大切。汗をたくさんかく練習中の水分補給は、水やお茶ではなくスポーツドリンクを飲むようにしましょう。また、カルシウムを多く含む牛乳や小魚、マグネシウムを多く含む大豆製品やナッツ類を意識してとるようにしましょう。寝ている最中に足がつってしまうという人は、寝る前に水を1杯飲むのがおすすめです。

Q&A 04

Question

補食に便利なインスタントラーメン、女子アスリートが食べちゃダメ？

Answer

アスリートとしてとりたくない栄養素も。おにぎりやパンなど別の食品を選んで。

お湯を注げば3分でおいしいラーメンが出来上がるインスタントラーメン。コンビニで手軽に購入でき、練習前の小腹を満たすのに便利な一品です。「体に悪そう」……と思いつつ、食べてしまっている女子アスリートもいるかもしれません。

インスタントラーメンがアスリートの栄養摂取に不向きな理由はいくつかあります。**一つ目は、炭水化物と脂質しか摂取できないところ。**たんぱく質やミネラル、ビタミンをほとんどとることができないにも関わらず、食事として満足できてしまう点が問題です。また、**インスタントラーメンの麺は油で揚げられているものが多く、過酸化脂質という酸化した油をとることになるのも好ましくありません。**過酸化脂質は体の中身も酸化させて細胞を傷つけてしまいます。

また、**インスタントラーメンはリンが多く含まれています。リンは摂取量が多くなると、カルシウムの吸収を妨げてしまうのです。**インスタントラーメンだけでなく、スナック菓子にも多く含まれているのでやはり摂取は控えたいところ。女子アスリートにとって骨粗しょう症の予防に必要なカルシウムを守るためにも、インスタントラーメンは控えるようにしましょう。

Q&A 05

Question

朝食をとる習慣がありません。どうしたら食べられるようになる？

Answer

まずはお水を1杯飲むことからスタート。少しずつ量を増やしていこう。

ギリギリまで寝ていたい、ダイエットのために食べない、食欲がないなどの理由から、朝食をとらない女子アスリートは案外多いもの。朝を食べなければ必要な栄養が不足する恐れがありますし、朝食で栄養摂取できなかった分、昼食と夕食をたくさんとらなくてはならなくなります。**朝食を抜いて空っぽの胃袋に、昼食で一気に栄養が入ると、朝食をきちんととるよりかえって太りやすくなることも知っておきましょう。**

とはいえ、これまで朝食をとっていなかった人が、いきなり栄養ランチョンマットのフルコースを食べるのは難しいもの。

まずは朝起きたら水を1杯飲むことから始めていきましょう。水に慣れたら次は果汁100%のジュース、その次はスープ、次の段階はヨーグルトや果物、そしておにぎりを食べてみるというように、段階を踏んで増やしていくと朝食をとる習慣が身についてきます。

「朝食はパンとごはんどちらがいい？」と聞かれることが多いですが、栄養ランチョンマットがつくれるならどちらでも構いません。ごはんもパンもそれだけにならないように、おかずもいっしょにとるよう習慣づけましょう。

Q&A 06

Question

ニキビができやすくて悩んでいます。脂質を控えてもいい？

Answer

脂質はアスリートにとって大切な栄養素。脂質カットよりスキンケアや腸内環境を見直して。

思春期はホルモンバランスが崩れやすく、皮脂の分泌が過剰になりがち。ニキビができやすい時期ではあります。それなら脂質を控えようと思う気持ちはわかりますが、栄養ランチョンマットをそろえた食事を心がけている女子アスリートであれば、食生活が悪いせいでニキビができているとは考えにくいもの。

もちろん、チョコレートやスナック菓子ばかり食べているのであればすぐに改めるべきですが、アスリートの体にとって脂質は大切な栄養素。食事としてとっている脂質までカットするのはやめましょう。

屋外で活動している女子アスリートの場合、汗で落ちにくい日焼け止めを塗っていることも多いはず。**日焼け止めを洗顔でしっかり落としきれていないために、皮脂が毛穴につまっている可能性もあります**。あるいは腸内環境が悪く、皮膚の免疫力が落ちているのかもしれません。**睡眠不足や、トレーニング量が多く疲労がたまって肌あれしていることも考えられます**。

脂質の摂取量を見直す前に、生活習慣やスキンケアを見直すことでニキビを予防することを考えてみましょう。

Q&A
07

Question

好き嫌いが多くて、食べられるものが限られています。ダメですか？

Answer

すべて克服しなくても大丈夫。栄養の知識を増やして食べたほうがいい理由を知っておこう。

人には誰しも、苦手な食べ物があるものです。「にんじんが食べられないなんて、アスリートとして失格」ということはありません。ただし、「野菜全般は嫌いだから食べない」「肉は一切、食べたくない」など、極端に食べられるものが少ないのは問題です。**栄養素はさまざまな食品から、バリエーション豊かにとるのが理想。**メニューの選択肢が少なくなれば、それだけ栄養が偏《かたよ》ってしまう恐れがあるからです。

まずは、嫌いな食べ物にはどんな栄養素が含まれているのか、調べてみましょう。その栄養素をほかの食べ物から摂取することができるなら、無理に食べなくても構いません。

自分が女子アスリートとしてどんな体を目指したいのか、そのためにはどの栄養素が必要なのか、たとえ味の好き嫌いはあっても、**その食品を食べなくてはならない必然性を知識として理解できれば、食べてみようという気にもなるでしょう。**そのうえで、できるだけ細かく切る、ソースで味付けを変える、好物といっしょに食べるなど、食べられる工夫をこらしてみましょう。

アレルギーで体が受け付けない食品以外は、ぜひチャレンジしてみてください。

Q&A 08

Question

夏バテしてしまいます。元気に乗り越えるためのコツは？

Answer

暑くても栄養をしっかりとることが大事。具だくさんにしてトッピングも豊富に！

暑くなると食欲も落ちてしまいます。しかし、そうめんと冷やしトマトだけでは、栄養が完全に不足。ビタミンB群がなければ糖質をエネルギーに変換できないため、力が出ずにバテてしまうのです。「夏バテ防止！」と、無理にかたまり肉を食べることはありません。**豚しゃぶをそうめんの上に乗せる、冷やし中華に卵やハムを加えるといったように、一皿メニューは具だくさんを目指しましょう。**ねぎや梅干し、ごまなどのトッピングも、たっぷり乗せたいところです。

また、暑いとつい、冷たいアイスや清涼飲料水に手が伸びてしまいます。冷たいと甘みを感じにくくなりますが、これらの食べ物には驚くほど大量の砂糖や果糖が入っています。糖質はエネルギー源ですから、アイスやジュースばかりとっていると、それだけで満足して、ますます食欲が落ちてしまいがち。冷たく甘いものは、とりすぎないように気をつけましょう。

脱水しかけていて、ダルさを感じている可能性もあります。そのまま脱水が進めば熱中症の恐れも。**夏はいつも以上に、お茶や水をこまめにとること。たっぷりと汗をかく練習中は、スポーツドリンクで水分補給しましょう。**

Q&A 09

Question

大学の寮はろくに料理がつくれません。ちゃんと自炊しないとダメ?

Answer

既製品やレトルトを活用しながら、栄養価をアップさせるひと手間をかけられるとベター。

実家で食事を用意してもらえる中高生はともかく、大学生以上の女子アスリートになると、自力で食卓を整えなくてはならない人もいるでしょう。

みんなが恵まれた環境ではなく、大学の寮でも「キッチンは部員全員で共同。冷蔵庫も小さくて共同なので、食材を入れるスペースがない」というような話もよく聞きます。

競技で結果を出すにはトレーニングと栄養はセット。**環境が整っていないから無理と諦めずに、既製品やレトルトを活用するなど、できる中で栄養価を高める工夫をこらしていきましょう。**

例えば具だくさんのみそ汁をつくるのは難しくても、インスタントみそ汁に乾燥わかめや乾燥野菜をプラスして、具を増やしてみてはいかがでしょう。食パンを焼いてトーストにしたら、その上にツナを乗せることで、たんぱく質もとることができます。生野菜のサラダに、サラダチキンをトッピングしてみてもいいでしょう。

「エナジーバーと牛乳で食事を済ます」なんて男子アスリートに比べると、**「食を楽しもうとする力」が高いのは、女子アスリートのほうが有利といえるかもしれません。**女子ならではの利点を生かし、栄養バランスを整えていきましょう。

Q&A 10

Question

試合は、すごく緊張しちゃいます。食欲も出ず、実力を発揮できません。

Answer

緊張をほぐす栄養素を意識してとり、少しずつでも糖質をとるように心がけて。

試合に向けて緊張感は高まります。緊張すると体の中にあるビタミンCやカルシウム、マグネシウムなどのミネラルがたくさん使われることに。これらが欠乏すると筋肉の反応が悪くなり、試合中に思わぬミスが出てしまうことがあるのです。

試合の前は意識して、果物や牛乳、ナッツなど、ビタミンCやミネラルを多めに補給するといいでしょう。

食欲が落ちてしまうと、いざ競技でエネルギー切れになり、動けなくなってしまいます。**本来は3時間前、1時間前、30分前と計画立てて栄養摂取することが望ましいですが（72ページ参照）、できることからトライしてみましょう。**

食事がとれなければ、果汁100％のジュースや、エネルギーゼリーだけでも構いません。バナナなどの果物やカステラ、スポーツドリンク、あめなど試合開始30分前まで、小分けにしてとっていくようにしましょう。

試合の日はいつもより早起きして、体を動かすことでおなかが減って食べられるという人もいます。大事な試合の日にいきなり試すのはリスクが高いですが、毎回食べられなくなるのであれば、数日前から調整してみるといいでしょう。

● 監修　**佐藤郁子**（さとう　いくこ）
管理栄養士、公認スポーツ栄養士。文教大学女子短期大学部栄養科卒。

2014年より順天堂大学医学部附属順天堂医院、順天堂大学医学部附属浦安病院の女性アスリート外来専任栄養士として勤務。スポーツ栄養のほか、特定保健指導、高齢者の介護予防など幅広く活動中。

【公認スポーツ栄養士としての活動実績】
・チームサポート:ボーイズリーグ所属野球チーム、私立高校野球部サポート
・栄養セミナー:中学・高校サッカー部、高校ラグビー部、ソフトテニス協会、
一般中学生・高校生、日本スポーツ協会所属公認コーチなど
・個人サポート（柔道、テニス等）
・2018年公益社団法人日本栄養士会「84セレクション2018」受賞
・日本スポーツ栄養学会および日本栄養改善学会での研究発表多数

STAFF

企画・編集・制作　スタジオパラム

● Director　清水信次
● Editor & Writer　及川愛子
島上絹子
● Design & DTP　スタジオパラム
● Illustrator　手塚由紀
● Special Thanks　順天堂大学医学部附属順天堂医院
順天堂大学女性スポーツ研究センター

女子アスリートの「食事と栄養」
パフォーマンスを高める体のつくり方

2019年11月15日　第1版・第1刷発行
2024年11月 5 日　第1版・第6刷発行

監修者　佐藤郁子（さとういくこ）
発行者　株式会社メイツユニバーサルコンテンツ
代表者　大羽　孝志
〒102-0093 東京都千代田区平河町一丁目1-8
印　刷　株式会社厚徳社

◎『メイツ出版』は当社の商標です。

ご意見・ご感想はホームページから承っております。
ウェブサイト https://www.mates-publishing.co.jp/

企画担当：千代 寧